青春期男孩父母应掌握的引导技巧

晓丹 / 著

引导青春期男孩

精华版

商务印书馆国际有限公司

图书在版编目（CIP）数据

引导青春期男孩：精华版 / 晓丹著 . -- 北京：商务印书馆国际有限公司，2020.1

ISBN 978-7-5176-0709-0

Ⅰ . ①引… Ⅱ . ①晓… Ⅲ . ①男性—青春期—家庭教育 Ⅳ . ① G782

中国版本图书馆 CIP 数据核字（2019）第 222761 号

引导青春期男孩（精华版）

作　　者　晓　丹
责任编辑　李东晓
出版发行　商务印书馆国际有限公司
地　　址　北京市东城区史家胡同甲 24 号　邮编 100010
电　　话　010-65592876（总编室）
　　　　　010-65227580（编辑部）
　　　　　010-65598498（市场营销部）
网　　址　www.cpi1993.com
印　　刷　三河市紫恒印装有限公司
开　　本　880mm × 1230mm　1/32
字　　数　185 千字
印　　张　7.5
版　　次　2020 年 1 月第 1 版　2020 年 1 月第 1 次印刷
书　　号　ISBN 978-7-5176-0709-0
定　　价　28.00 元

序言 Preface

10～18 岁，决定男孩一生的关键期

10~18 岁，是人生中最美好的青春期，也是决定男孩一生的关键期。青春的岁月如钻石般珍贵，如鲜花般美丽，然而，青春的岁月里也同样有狂风扬沙，甚至乌云暴雨。青春期的男孩令不少父母感到迷惘，甚至找不到教育的方向——原来贴心的儿子与自己的距离越来越远，一天说不上几句话；原来一门心思扑在学习上的男孩，竟然迷恋上了网络游戏；原来一向讲文明懂礼貌的男孩，忽然冒出了脏话……面对青春期男孩的变化，父母感到不知所措，他们很想拉一把儿子，却发现无从下手。

其实，引导男孩并不难，只要父母们学习并掌握有关青春期教育的知识，并对男孩认真加以引导，就可以避免男孩误入歧途，早日成材。如果父母还把男孩当孩子看待，用昔日的教育方法对待青春期的男孩，那么男孩不但不会接受，还会用反叛、固执、粗鲁、执拗、孤僻等极端的情绪来对抗。

那么，何为青春期？青春期男孩的身心又有怎样的特点？归纳起来，大致有以下几个方面：

一生中的危险期

许多西方心理学家把青春期看作个体发展的“危险期”。他们认为，男孩到了这一时期，身心发展充满着矛盾。他们的儿童心理模式被打破，成人心理模式尚未完全建立。他们既有热情的渴望、交

往的扩张和个性的开放，又有自己独处、孤芳自赏的闭锁。

这个时期，是塑造男孩的黄金时期，同时也是极易形成不良品质的危险阶段。如果父母不能正确对待男孩心理独立的需求，男孩就会产生反抗情绪，并逐渐演变成逆反性格，阻碍其日后的发展。因此，作为青春期男孩的父母，应学会理解和宽容男孩的过失，尊重和保护男孩的独立性，珍视男孩渴望独立自主的心理倾向，支持他们的愿望、想法，鼓励男孩自主处理自己的事情，不约束，不包办；那么，就可以引导男孩的自我感、独立性沿着健康的方向发展，化“危险期”为“安全期”。

身体发育的过渡期

男孩进入青春期，最明显的变化出现在身体上。他们的声音变“坏”了，个头突然蹿得很高，脸上开始长毛，偶尔还有性的冲动……很多男孩急切地想知道身体究竟发生了怎样的变化，却因羞于开口而把所有困惑藏在心中。

父母想要引导男孩走出青春期的困惑，就要及时对男孩讲清青春期发育的常识，尤为必不可少的就是性教育。在这个问题上，男孩一般希望得到来自父亲的帮助。对此，父亲需要通过观察和关心男孩的发育状态，用自己的经验为男孩解答属于正常发育现象的问题。当男孩的好奇心得到满足，便不再觉得性是个神秘的问题。

心理成长的关键期

青春期是从儿童走向成人的过渡期，意味着男孩将离开父母、家庭的监护，摆脱对成人的依赖，成为独立的个体，是心理“断乳”的关键时期。在这个时期，男孩的精神生活充满矛盾和冲突，处在一种非常不稳定、不平衡的状态中，具有多种情绪问题：有的男孩情绪波动极大，时而热情豪放，时而郁郁寡欢；有的男孩孤独寂寞，意志消沉，情感脆弱；有的男孩自卑烦恼，多思多虑；有的男孩嫉贤妒能，难以自控；有的男孩过分焦虑，造成学习困难……

合格的父母，至少是能够理解孩子感情的父母。对于青春期男孩而言，他们往往对生活很迷茫，不懂得控制自己的情绪。这就需要做父母的在关心男孩身体、学习的同时，给男孩的情感成长以指导和疏解，让男孩快乐健康地成长。

个性、品格、习惯的形成期

青春期处在竭力摆脱童年时期的幼稚状态，向着成熟社会化的人迅速发展过渡的时期。在这个时期里，男孩的意志、个性、能力、品质等人格因素得到充分发展，其发展结构会对男孩将来的学业、事业、婚姻、家庭等方面造成重大影响。因此，这时父母的教育和引导很关键。千万不可强压，否则，男孩容易粗暴顽蛮；也不可纵容，否则男孩容易懦弱骄横。父母要学会在爱与管中寻找教育的平衡点。

在这一时期内，父母应注意男孩发展中可能出现的各种问题，并采取积极措施，给男孩未来的成功奠定坚实的基础。如果男孩身上出现一些不良征兆，对于这些征兆，一定要彻底根除。

学习能力的爆发期

青春期不仅仅是身体疯长的时期，更是男孩学习能力的爆发期，男孩的注意力、记忆力、思维能力都在此时爆发。青春期男孩注意力的持续时间在 45 分钟左右，注意力集中的孩子学习效率高，学习轻松，成绩好；青春期男孩的记忆力不仅明显地高于小学生，也高于大学生，甚至超过了成人短时的记忆容量。在这个年龄段男孩的逻辑思维能力逐渐提高并趋向成熟，成熟的逻辑思维会使青春期的孩子在学习数学、物理、化学等理科方面游刃有余。因此青春期是孩子学习的黄金期。

学习固然重要，但父母们不能给男孩太大压力。要为男孩的学习减压，让他们卸下学习的包袱，这样才能提高他们的学习效率。

请记住，为了男孩的健康成长，父母们千万不要被分数锁住思想。

最后，希望每位阅读此书的家长，能够用自己的爱心，搭筑起男孩登上巅峰的桥梁；用我们的双手，铺就男孩走向成功的宽阔大道！

目录 Contents

第一章 别说你懂男孩的心

解读青春期男孩内心成长的秘密

第二章 不要和男孩做对

改变男孩，不如改变自己

第三章　网络并非洪水猛兽

让网络陪伴儿子健康成长

第四章　学习一定有方法

怎么做，才能让男孩拿高分

第五章　受欢迎的男孩最优秀

教给男孩必须掌握的交往之道

第八章 陪男孩共度叛逆期

防范男孩走上“人生歪路”

第九章 和儿子谈谈人生

让男孩更有思想、更有智慧

第一章

别说你懂男孩的心

解读青春期男孩内心成长的秘密

在青春发育期的男孩，身体和心理会发生很多变化。面对这些变化的时候，他们往往会出现一些困惑，而这些困惑有些是不方便跟人交流的，于是它们就变成了男孩的秘密。这些秘密如果久而久之得不到排解的话，就会影响男孩健康地成长。

无论在学校里还是家庭中，男孩出问题的比例远远高于女孩。进入青春期，男孩的叛逆和心理问题也居多。男孩表达方式也不像女孩那么温婉，对别人不满或者自己的心情不好时，他就摔门、砸东西、喊叫。因此，养育孩子也要因性别而异，要想养出优秀的男孩，家长首先要读懂男孩身上的成长“密码”。

第 1 招

“我的事不用你管！”

——为何儿子越来越叛逆

男孩的困惑 

我真是想不通，我已经长大了，父母为何还要管我？回家晚一点他们就会唠叨个没完，和什么人出去玩他们都要再三确认，平时穿什么衣服、剪什么发型，他们也要挑三拣四地提意见。为了我的自由和尊严，我只好反抗到底，可这在他们眼里又成了难以理解的叛逆，做他们的儿子真难！

俗话说：“半大小子，气死老子。”一提到青春期，很多男孩父母可能都会这样无奈地叹息：

“唉，青春期的男孩实在太难管了，学习成绩不见长，和父母对着干的能耐却见长了！”

“我刚上初二的儿子去年在我强硬的要求下把长发剪短了，但这孩子却把一头黑发给染黄了，后来竟又在我不知道的情况下，烫了一个非主流的爆炸头回来。他这不是故意惹我生气吗？”

“10 岁之前儿子还算比较乖巧听话，可是一进入青春期，他就突然莫名其妙地给你来了一个大反转，你要是让他往东，他就偏偏往西！整天像个刺猬似的，瞅谁不顺眼就扎谁！”

…………

青春期的男孩的确是像上述父母们所讲的那样：越是父母明令禁止的事情，如早恋、逃课、打架、上网等等，他们越是要去尝试一下。那么为什么往日听话懂事的小男孩变得越来越叛逆了呢？对此，教育专家们通过对青春期男孩的接触与研究，得出了他们青春期叛逆的主要原因大概有以下这几点：

第一，男孩进入青春期，体内雄性激素分泌过剩。10~18岁时，男孩体内的雄性激素会迅速增多，此时因为激素过剩而得不到合理宣泄，男孩们就会变得情绪起伏不定，进而产生一些叛逆行为。从这一点上来说，青春期男孩的叛逆是不可避免的。

第二，男孩在青春期生理与心理发展出现失衡的问题。男孩在青春期时，内心冲突表现得比较明显。这是因为在身体上已经和成人无异的“小伙子们”，开始渴望独立，渴望自己有支配生活、学习、交友等方面的权利，但由于他们初入社会，阅历尚浅，在很多方面又必须依赖成人。因此，这种矛盾使男孩内心深处冲突频现，自然而然便引发了一系列的叛逆行为。

第三，父母错误的引导方式导致男孩叛逆。中国父母教育不听话的儿子，习惯性的引导方式是“母亲唠叨”、“父亲打骂”，这种引导方式必然会引起青春期男孩的反感，因为在他们自己心中一直想给成人传递的是这样的信号，即“我长大了”、“我需要尊重”、“我有强烈的自尊心”、“我渴望理解和信任”、“我也要面子”……父母批评式的引导方式只会激活青春期男孩体内的叛逆因子。

那么在了解了以上青春期男孩叛逆的原因后，我们应该采用哪种正确的引导方式来应对青春期男孩的叛逆行为呢？下面就给因为儿子叛逆而头疼的父母们提供一些行之有效的方法：

方法一：理解和宽容儿子的叛逆行为

父母们总是说“儿子越大越不听话”，尤其在男孩进入青春期后，他们开始变得喜怒无常、行为出格，难道真是“翅膀硬了”，不把父母放在眼里了？事实并非如此。男孩每种情绪背后都有一个正当的理由。例如儿子回到家之后，一直板着脸，可能是在学校挨了批评或者是因为和同学发生了不愉快……

所以，当你的儿子突然出现一些叛逆行为时，不要急着去批评和指责他，而是以理解和宽容的态度对待他，并引导他说出是什么原因导致了他这样的情绪。下面这位母亲对青春期男孩的引导方法的转变，十分值得其他父母借鉴：

一天，上初一的儿子放学后很晚才回到家，我非常着急。所以，儿子一进家门，我就生气地说：“我告诉过你多少次了，一放学就回家，你怎么就把我的话当成耳旁风呢？整天就知道在外边瞎逛……”儿子看着我一愣，然后低下头什么话也没说就走进了自己的房间，而且“哐当”一下把房门狠狠地关上了。

晚饭的时候，儿子没有出来，我以为他在写作业，也就没有叫他。可是等到晚上快 10 点了，这孩子房间里的灯还在亮着，他也一直没出来。我觉得可能是我之前的话伤害了儿子，如果我心平气和地询问，也许事情就不会这么僵。所以，打算道歉的我轻轻敲响了儿子的房门。

儿子没有给我开门，而是闷闷地说：“如果你还要继续批评我，就在门外说话，我听得见！”

我语气柔和地说：“儿子，对不起！你回家晚一定有自己的原因，是妈妈不该不分青红皂白地指责你。饭我已经给你热了两遍，你别忘了吃！”

后来，儿子给我打开了房门，并且告诉我他回家晚的真正原因——路上堵车。了解了这些之后，我向儿子保证以后一定控制自己的情绪，这才重新赢回了儿子的信任。

其实，大多数青春期的男孩都像上述事例中的男孩一样，当他们对父母的教育方式产生抵触情绪时，只会闷在自己心里或者找其他发泄渠道，进而产生更多的叛逆行为，尤其是父母无端的批评和指责，更会让他们选择和父母对着干或惹是生非。因此，面对青春期男孩的叛逆，作为父母，我们最应该给予理解和宽容，允许他们叛逆，但也要正确引导他们从叛逆的行为中解脱出来，以合理正确的渠道和方式来发泄心中的不良情绪，做一个真正快乐、向上的青春少年。

方法二：面对叛逆男孩，引导比抱怨更有效

生活中，我们听到最多的就是父母对青春期男孩的抱怨，诸如：

“我们家儿子无可救药，就知道顶嘴！”

“儿子上了初高中最难管，他不是上网、打架，就是早恋，根本不知道学习！”

“我儿子就是一个‘小暴君’，脾气太坏，经常对我们怒吼！”

…………

青春期的男孩的确会存在各种各样的问题和叛逆行为，但父母的抱怨不但不会消减男孩的叛逆行为，还会起到负面效果，让男孩对父母的抱怨产生厌烦，进而变得消极起来。因此，男孩父母们不要总是抱怨自己的儿子如何不听话、如何叛逆，而是应该多引导他们看到自己哪里做错了、哪里需要改正以及如何完善自己，这样，叛逆的男孩们才会朝着父母期望的方向前进，也才会变得积极努力起来。

第 2 招

“你们不要拦着我！”

——如何引导爱冲动的男孩

男孩的困惑

我也不知道自己怎么了，有时候看到自己不顺眼的人，就想上去给他两拳。虽然事后也会因为冲动而后悔，但到了下一次，我还是忍不住动手。难道我天生就是个“好战分子”？我相信我不是一个爱打架、惹是生非的人，但有时候就是控制不住自己，我到底是怎么了？

很多父母发现，男孩一进入青春期就会变得冲动和崇尚武力，隔三岔五地就会用拳头“寻衅挑事”。诸如我们经常会在电视、报刊上看到类似下面这样的事情：

两名初中男生，因为个人“恩怨”，各自找了一帮兄弟去“解决”，结果一句话没谈拢，双方就动起手来，甚至惊动了警察。

一名高二的男生，平时不太爱和别人交往，也因为自己的长相和寒酸的穿着而自卑。某一天，面对同学无心的一句嘲笑，他就买了把刀刺死了那个同学，最后在监狱里度过自己最美好的年华。

一名高三的男生，因为向自己喜欢的女生表白遭到拒绝，冲动之下强暴了那个女生，之后自杀殉情。

…………

为什么进入青春期的男孩会变得这么冲动，爱打架呢？其实，这和男孩进入青春期后体内的雄性激素过度增长有关。青春期男孩体内大量分泌的雄性激素导致他们更喜爱冒险和竞争，更热衷于激烈的争吵和挑战、斗争，更偏向于动起来而不是安安静静地待着。

当然，除此之外，青春期男孩冲动、富有攻击性还有别的原因，例如进入青春期后，男孩的自尊心变得更强，他们更注重"面子"和自己的"地盘"。如果有谁瞪了他们一眼或者撞了他们一下，或者抢走了属于他们的东西，那么男孩就觉得这些让他们丢了"面子"和"地盘"，只有猛烈地还击，才能证明自己的"强"，于是他们变得冲动而又带有很强的攻击性。

另外，不善于解决人际冲突也是青春期男孩冲动的重要原因。因为大多数青春期男孩认为解决人际关系矛盾的最佳方法就是武力——"谁打赢谁就是对的"，试想一下，在这种错误观念的影响下他们能不冲动吗？

那么作为青春期男孩的父母，我们应如何防止他们的冲动产生呢？

方法一：让男孩学会给自己设一个"暂停键"

在李强的家里，一直有个不成文的规定：任何一个人情绪激烈时都不允许说话。例如当李强感觉无法控制自己的情绪时，他就在心里大声地对自己说"暂停"，然后找出最合适的渠道发泄情绪，比如找一个空地方大声喊出来、多做几次深呼吸、一个人打打篮球等。通常在这种时候，其他的家庭成员决不会问他情绪激动的原因，也不会对他的行为做出任何评判，而是等他情绪稳定了，让他自己讲出来。所以，李强总是能够很好地控制住自己的坏情绪，避免了冲动行事。

男孩进入青春期之后，由于体内睾丸素分泌过多的影响，就会变得暴躁和冲动。面对男孩的这种表现，我们与其“以暴制暴”、针锋相对，造成双方关系的破裂，不如引导男孩学会给自己设一个“暂停键”，克制自己的情绪。

例如当儿子遇到不顺心的事情，情绪即将爆发时，父母要想办法让他冷静下来，让他对自己说：“现在，我需要暂停一下，冷静一会儿！”接着通过合理的方法让他发泄出自己的不良情绪。久而久之，男孩就学会了自己克制激动情绪的方法，当再发生矛盾时，他也就不会那么冲动了。

方法二：引导男孩去假设、想象“冲动”的后果

青春期的男孩很容易因为一时的冲动而做错事，但有些错误犯了之后可以改，而有些错误一旦犯了，是需要自己用一生的时间去弥补的。所以，为了防止青春期男孩因为一时冲动犯下难以弥补的错误，我们必须提前引导他们去假设、想象那些冲动行事的后果。

下面这位父亲就做得非常好：

一天，我小儿子不小心撞了大儿子一下，大儿子用警告的语气说：“臭小子，你走路就不能小心点。”小儿子有些委屈地看着自己的哥哥。在一旁看到这一切的我语气缓和地问大儿子：“如果在学校遇到这种情况，你会怎么做？”大儿子不耐烦地说：“要是在学校，我就瞪他一眼，再不服气，我就教训他几句！”“那你们不会产生矛盾吗？”“可能会，也可能会打起来！”“如果你们打起来，后果是怎么样的呢？”“可能会被老师叫到办公室批评，严重的话请家长，或者当着全校师生挨批评。”“可你知道吗？如果特别严重，我们还会赔对方一大笔医药费，你甚至会被派出所拘留。一件小事就能把问题搞大，你觉得值吗？”大儿子沉默了。后来经过这样几次“假设与想象”的对话，儿子渐渐学会了克制自己的冲动。

第 3 招

“你能不能快点”

——儿子浮躁、没耐心，如何引导

男孩的困惑

自从上了初中之后，我发现自己变得更加浮躁和没耐心了，爸爸妈妈说我两句我就听不下去，觉得特别烦。而且我还十分渴望快速成功，但是现实的步伐太慢了。现在，我在课堂上根本坐不住，也不想费劲去思考问题，我是不是出问题了？

在一次“青春期问题”的心理学研讨会上，一些父母面对青春期男孩的浮躁问题，是这样说的：

“我儿子今年上初二，学习成绩本来不错，可是最近他变得很浮躁。听老师说，他上课根本坐不住，总是做一些小动作。”

“我上高中的儿子不知什么时候做事开始变得不切实际，总希望成功一下子砸到他头上，我劝他很多次，让他踏踏实实做事、认认真真学习，可他就是听不进去！”

“青春期的孩子普遍就是浮躁、没耐心，总以为自己不用踏实努力，就能一下子有成就，真不知道他们怎么会变成这样！”

…………

的确，青春期的孩子似乎总是浮躁和没耐心，尤其是很多男孩子，他们以为自己已经长大成人，能够凭借自己的力量去实现目标，但现实又让他们不得不依赖父母，所以他们做起事情来永远缺乏那么一丝沉稳和耐心，变得急功近利和情绪冲动。一般来说，青春期男孩的浮躁表现有以下几种：

坐不住：课堂上小动作很多，经常东张西望、交头接耳。

听不进：对父母的说教、老师的讲课都失去兴趣，变得比较烦躁和心不在焉，常常“左耳进，右耳出”。

管不牢：喜欢吹牛和侃大山，根本管不住自己的嘴。

写不完：沉迷在网聊中，乐此不疲。

忙不停：兴奋劲一来就乱忙一气，抓不住事情的重点，结果事倍功半。

想不到：经常觉得无聊、空虚、寂寞，不会支配时间，遇到事情往往手足无措。

长不了：不懂得反省自己，虽然有时能意识到自己的错误，并且想要改变，但只有三分钟热度，之后依然故我。

试想一下，你的儿子具有以上浮躁的表现吗？那么面对青春期男孩没有长性、比较浮躁的情形，父母们应该怎么做呢？下面就给青春期男孩的父母提供一些方法：

方法一：培养青春期男孩做事的耐性

生活中，我们常常会听到父母们这样说：“我们家儿子都已经快成年了，可还是做事没长性，经常三天打鱼，两天晒网，你要是说他，他还和你急，真不知道怎么办！”其实，青春期的男孩大多都有这个毛病，因为此时的他们正充满激情，以为自己有足够的能力去完成一件又一件的事情，甚至同时去做几件事自己都能应付过来。结果因为能力、知识、阅历、判断力等各方面的差距，让他们有了挫败感，最后只好不了了之。

林枫虽然才上初二，但他有很多伟大的理想，并且他坚信自己都能够一一实现。但是父母却发现儿子做起事情来很浮躁，根本安不下心来踏踏实实地去做完一件事情，而是三心二意地做着这件想着那件，结果一件都没做好。这让林枫产生很多挫败感，于是他就选择全放弃，去做其他的他认为能马上成功的事情。

其实，像林枫这样的青春期男孩有很多，他们之所以最后没有取得成功，并不是因为他们没有能力，而是因为他们缺乏耐性。因此，父母们应该多培养青春期男孩做事的耐性，让他们每次只坚持做一件事情，相信努力完成一件事情会让他们成就感大增，也会重新找回自信。

方法二：教会青春期男孩“认真”两字

浮躁的心态必然导致做事马虎的毛病，也必然会出现很多错误，而错误又导致人心情低落，进而变得更浮躁，这就像一个恶性循环。因此，我们必须教会男孩凡事“认真”的态度，才能切断浮躁的源头。

有一位母亲的教育经验是这样的：

我儿子以前就是个马大哈，做事情一点儿也不专心，所以有时候面对必须完成的事情时，他就显得很急躁。为了帮助他改掉这个坏毛病，我要求他每次只认真地做一件事情，把这件事情做到最完美的状态。一段时间之后，我发现儿子变得不但做事认真、沉稳，而且整个人乐观、积极很多。

没错，“认真”两个字不但可以改变一个人，更能创造出奇迹。只要我们教青春期男孩学会做事认真、专心，那么他不但不会浮躁，相反会更沉稳地去做事情，也更能让自己接近成功。

第 4 招

“气死我了！”

——为什么青春期的男孩容易愤怒

男孩的困惑

最近不知道怎么回事，老是想发脾气，似乎看什么都不顺眼，听见爸妈批评我就想咆哮两句；看到同学弄坏我的东西，就想骂他两句；和老师顶嘴是常有的事情，我就是看不惯。大家都说我现在变成了“炸药桶”，靠近就会被伤着。我也不想啊，可就是老有人、老有事惹我生气！

一位青春期男孩的母亲在自己的网络日志中这样苦恼地写道：

前几天，因为一件很小的事情，儿子就和我们大吵了一架，那架势仿佛我们是他“不共戴天”的仇人。其实，像这样的情形经常出现，我们也不知道哪里惹到他了，他就开始大发脾气，一会儿嫌我们管他太多，一会儿又怪我们对他的朋友不好，一会儿又说我们不爱他了。怎么孩子越大越难养啊？

青春期的男孩的确会给父母增添很多的“麻烦”，尤其是动不动就发脾气让父母们很头疼。那是不是青春期的男孩在无理取闹呢？

当然不是，任何一种情绪表现的背后都有原因。青春期男孩会对父母、朋友、老师等表现出愤怒，一定也有着他的理由，例如父母不尊重他、朋友背叛他、老师误会他……

因此，父母们不要总说青春期男孩为什么火气那么大、脾气那么暴，要学会通过男孩“愤怒”的表面现象去挖掘出他们深层次的心理需求。

通常情况下，男孩子的愤怒情绪对父母表现得比较多，究其原因是父母们忽视了对他们的尊重，像很多父母擅自为儿子做决定；还有的父母凡事都帮儿子打点好，结果独立意识和自我意识增强的青春期男孩，只有通过发脾气来宣泄自己心中的愤怒。所以，我们要多给青春期男孩一些自由和权利，让他们变得真正阳光起来。

方法一：尊重和保护青春期男孩的“秘密”

父母们总以为男孩子脸皮本来就比女孩子厚，平时大大咧咧的个性根本不知道什么是尊重。其实不然，青春期男孩比女孩更需要父母尊重他们的隐私和秘密。假如父母选择公开或者嘲笑他们的隐私，那么他们通常不会像女孩子那样哭哭啼啼或沉默，而是选择爆发性行为，如愤怒地大吼、冲动地离家出走，甚至更激烈的方式。

最近，子俊的妈妈发现儿子总是愁眉不展，而且还经常发脾气、挑事。例如吃晚饭时，他刚吃了一口菜，就生气地把筷子摔在桌子上，大声地说：“菜这么难吃，不吃了！”

妈妈知道儿子肯定有心事，可是怎么问儿子都不说，而且还表现得很烦躁。于是，妈妈就买了一个密码笔记本送给子俊，并对儿子说：“妈妈知道你现在大了，有了属于自己的秘密，既然不愿意告诉我们，那就向这个‘朋友’倾诉吧。虽然它不会帮你解决问题，但可以帮助你发泄情绪。如果真的有自己解决不了的事情，记得可以给我们发‘求救信号’。”听了妈妈的这番话，子俊把自己的烦心事讲了出来。

由此可见，父母学会保护和尊重青春期男孩的隐私，反而更容易让他们心平气和地说出心底的秘密。因此，不要以为你是男孩的父母就可以任意撕开他的信件、撬开他的抽屉、不经允许就踏进他的“秘密花园”，这只会引起男孩的反感和叛逆。很多时候尊重男孩的隐私、保护男孩的“秘密”会让你们关系更亲密。同时，男孩在被尊重的前提下，也会给予父母同样的尊重和理解，自然他就不会无缘无故地大发脾气。

方法二：把儿子当成平等的成人看待

青春期男孩最需要的就是父母的尊重，他们希望父母把自己当成平等的成人看待，让他们有足够的自由和权利可以支配学习、生活、交友等，而不是一个只会听从父母指挥的玩偶。

有一位母亲的教育经验是这样的：

我们从不擅自做主儿子的事情，而是给他足够的选择权和决定权，当然，我们也会给予他适当的引导。

有一次，上高一的儿子突然在放学后对我说：“老妈，我准备请个英语家教。”我听后有些吃惊，因为儿子的英语成绩非常好，每次考试都在班里前三名，不过他的数学成绩很不理想，有几次差点不及格。

“你为什么想请英语家教啊？”我不解地问。

“我想考外国语大学，将来我还要出国。”儿子自豪地说。

我假装叹了一口气说：“我看这个有点难，你的数学成绩并不理想，考大学数学课是主科。如果你的数学成绩能提高些，我想你的目标有可能会实现。”

儿子沉思一会儿之后，对我说：“那妈妈你就给我请个数学家教吧！”

其实，青春期的男孩已经有了自己的判断力，他们心里很清楚哪些做法是正确的、哪些做法是错误的，而他们需要的就是一个引导人把他们牵引到正确的道路上来，父母就是这个牵引人。

所以，我们要给予青春期男孩应有的尊重、理解和支持，把他当成一个和自己平等的人，站在一个客观的角度上给男孩提供最正确的建议。

第 5 招

“他们有的我也要有”

——如何让男孩告别虚荣、攀比心理

男孩的困惑 

老妈这几天一直唠叨我花钱太厉害，可是穿档次太低的衣服、球鞋，我都觉得在同学面前抬不起头来。手里要是没有最新款的手机，我就觉得自己没面子。别人有的我也一定要有，所以我总是要求爸妈给我买名牌衣服和鞋子，还有最新的电子产品，我这样错了吗？

男孩一进入青春期，对自身外貌、衣饰、“面子”等问题就会更加关注，例如有的男孩会关心自己容貌是否俊秀、衣服是不是牌子货、在朋友圈里有没有威信等等。其实，归根结底都是青春期男孩的虚荣心和攀比心在作祟。

周五，一位母亲去接上初二的儿子，在学校门口等儿子的时候，她看到很多和儿子差不多年纪的男生、女生在兴奋地聊着天，谈话内容也不禁飘进了她的耳朵：

“我爸说他这次发工资就给我买苹果手机，不过，我更想要个苹果电脑，那才带劲！”

“苹果手机算什么，我们家已经打算假期去欧洲旅游了，到时候给你们带点纪念品回来。”

“你们不是有礼物，就是出国旅游，今天我也回家让我爸带我去香港玩！”

…………

这位母亲听到这些十几岁孩子的对话，真的吓了一跳，心想，如果儿子也像这样在物质上与别人攀比，为了面子而对父母提过多的要求，不但经济上吃不消，对儿子的健康成长也不利。

的确，物质的虚荣和攀比是腐蚀青春期男孩健康成长的“毒药”，更是增加父母负担的沉重“砝码”。因此，父母应该学会引导青春期男孩转换他们攀比的内容，例如从原来的物质攀比转为精神攀比、学习攀比，这样的攀比才有意义。

下面就给青春期男孩的父母们提供一些引导儿子“虚荣”、“攀比”转换的教育方法：

方法一：引导儿子在物质上和最差的比

一位父亲曾无奈地讲述了他和14岁儿子的这样一段对话：

一天，儿子放学后对我说：“老爸，给我买一套阿迪达斯的运动服，我们校庆运动会要穿。”

我问他：“老师要求你们必须都穿新买的阿迪运动服吗？”

儿子笑笑说：“老师是没有要求，可到时候肯定很多人都穿着名牌参加，我不想被大家笑话。”

我不信地问：“真的吗？”

儿子马上说：“当然是真的！今天在学校大家都说开了，说是在校庆运动会上穿什么牌子的衣服，还有个同学特意让他爸从欧洲给他买运动服呢。我就不让您破费飞机票去欧洲了，给我一套阿迪就行。”

青春期的男孩在物质上和最好的人比是一件非常糟糕的事情。因为每个人的家庭经济状况不同。如果男孩因为虚荣和那些家庭富有的比吃、比穿、比玩，很容易产生巨大的落差感，也会对父母提出更多的无理要求。假如父母不能达成他们的物质要求，那么他们很可能为此走上错误的道路，甚至毁掉自己的一生。

因此，我们应该引导青春期男孩多看看那些比自己生活条件差的人，让他体会到自己在物质上已经比很多人优越、幸福。例如，引导儿子看一些贫困地区的新闻报道和图片，节假日带他去体验“苦日子”，鼓励他多参加捐助福利院的公益活动，等等。

方法二：引导男孩多和最优秀的人比品质、比学习

中国有句古语：“高比，所以广德也；下比，所以狭行也。比于善者，自进之阶；比于恶者，自退之原也。”大意是说，人要和比自己德行高的人比，这样才能更完善自己；反之，只会使自己的德行减退。所以说，我们应该引导青春期男孩多和那些优秀的人比品质、比学习、比心态，这样才能帮助他们树立正确的价值观、人生观、道德观。

一个 14 岁的男孩在自己的网络博客中这样写道：

爸爸妈妈一直教导我要多和那些品质优秀、学习努力的人比，要多问问自己：别人比我优秀在哪里。于是，我发现有的人比我开朗活泼，有的人比我热心助人，有的人比我善用学习技巧，有的人比我勤快……这些自我反省和比较让我意识到自己的不足，我自己也知道应该往哪个方向努力，所以现在的我各方面进步都很快。

看吧，只要你引导男孩意识到多和比他强的人学习，那么具有进取心和好胜心的男孩就会多学习别人身上的优点，然后来不断完善自己。所以，在日常生活中，父母应该时常引导男孩多和优秀的人“攀比”品质、习惯、能力等。

第 6 招

“我不需要朋友！”

——如何让孤独的男孩敞开心扉

男孩的困惑 

小时候的我喜欢和很多朋友一起玩，但上了中学之后，我觉得一个人的世界也挺好。我不再浪费时间去参加我不喜欢的集体活动，不再和不喜欢的同学说话，孤独有什么不好呢？有时候孤独对我来说也是一种享受。可为什么孤独久了，我就再也不想和别人交流了呢？

心理专家认为：“青春期孩子的孤独是他心理成熟的标志。它意味着一个人开始把自己的兴趣从对外界的关注中撤回来，返回到了自我，试图了解自己是怎么一回事，思考人生的价值和意义。这种将注意力转移到自我内心的体验，是一件好事，家长不用过于担心。”没错，孤独对于青春期的男孩来说就像一件“必需品”，会促使他们有时间、有空间去思考一些东西。

不过，任何一种情感体验如果过度了都会产生不良后果，青春期男孩的孤独亦是如此。孤独对于大多数青春期的男孩来说是一种情感压抑的状态，会让他感到空虚和寂寞，而那些患有孤独症的青春期少年很可能会对现实失去兴趣，只愿活在自己狭窄的心灵世界里，有的甚至选择结束自己的生命。

有一位母亲给青少年心理咨询专家讲述了自己儿子的变化：

儿子大了真操心，小时候你说什么他听什么，可是现在他变得脾气大了、主意多了，你说他两句，他就板起脸来对你吼："我这么大了，不要你管我！让我一个人静一静行不行？"以前我还能听到他每天回来给我说学校里的趣事，也会看见他像个"孩子王"似的带着其他小朋友玩，可是现在他什么话都不对我讲，也不喜欢和朋友交往了，整天就像个"独行侠"似的。很多时候，一回家就把自己关在房间里，真不知道他一个人在做些什么，想些什么……

的确，青春期男孩的过度孤独很容易让父母担忧，因为时间一久，很可能导致男孩患上孤独症或自闭症。因此，作为父母，我们必须想办法让孤独的男孩学会敞开心扉。

方法一：鼓励青春期男孩多与同学交往

有一位母亲的教育经验是这样的：

我儿子从小就有些内向孤僻，我以为他长大以后可能会好点，可是等他上了初中，依然喜欢独来独往，家里也从来没有他的同学来过。周末、假期也是常常一个人待在家里看书、看电视。我很担心儿子这样下去会对他以后的生活产生极度不良的影响，所以我开始鼓励儿子试着跟同学多交往。刚开始，儿子很害怕，他担心同学们都不喜欢他，而且因为他的不善交流，跟同学也产生了些不愉快。但是我鼓励儿子不要放弃，而且帮助他想办法和其他人交流，我每天还抽出一定时间锻炼儿子和陌生人说话的勇气。渐渐地，我发现儿子与人交往有信心了，在学校里他也成功结交了几个好朋友。

培根曾说："没有真挚朋友的人，是真正孤独的人。"其实，青春期的男孩虽然渴望独处，但他们更渴望融入集体之中，希望自己身边围满朋友。

所以，我们应该尽量让青春期的男孩和同学在一起，让他学会和同学、朋友一起分享忧愁和快乐，而不是因为担心他会交到坏朋友，任意阻断他的人际交往之路。

方法二：多给孤独的青春期男孩创造接触社会的机会

青春期男孩很容易冲动、浮躁，所以给予他们适当独处和反省的时间是必要的，但父母要掌握好“度”，不能让孤独成为男孩健康成长的绊脚石。因此，作为父母，我们应该给自己孤独的青春期儿子一些接触社会的机会。

下面这位父亲就做得非常好：

我的儿子今年 15 岁，他很有自己的想法和主意，但就是有些孤芳自赏，不太喜欢和别人一起玩，同学们也都渐渐不理他了。我觉得这对孩子的成长并不好，但如果直接让他去跟别人交往，他一定很反感。所以，我就经常带他出去玩，让他多接触社会。例如我们会一起旅游、参加公益活动、看现场球赛等。一段时间后，我发现儿子的朋友不止我一个，他在社会活动中结交了一些朋友，也学会了很多道理，并且他在学校也开始赢得大家的好感，结识了很多好朋友。后来，我发现儿子独处的时间少了，出去参加集体活动的时间越来越多了，整个人也更阳光了。

看吧，没有人天生就喜爱孤独，人毕竟是群居性动物，他需要朋友和集体生活。所以，多给青春期孤独的男孩创造接触社会的机会，这不但会增长他的阅历，也会让他发现与人交往的好处。

第 7 招

“我的身体怎么了”

——如何解除男孩的成长疑惑

男孩的困惑

最近，我惊慌地发现自己身上有了很多变化，我原来好听的声音竟然变得沙哑起来，并且开始长胡须，脖子里也突然多出个“小肉结”。我是不是得了什么奇怪的病，要不然为什么我身上各个部分的毛发都开始迅猛生长呢？我到底是怎么啦？

青春期是男孩向男人过渡的最重要时期，在这一特殊阶段，男孩的身体会发生很大的变化。例如从 10 岁左右进入青春期之后，男孩的身高会在性激素的作用下迅速增长，肌肉开始变得发达，身体也显得更有力量，而且这时他的第二性征也开始发育：他的喉结开始突出，也会开始变声，腋下、私处也会长出腋毛和阴毛，胡须也会悄然出现。除此之外，男孩的生殖器官也会变得成熟起来，阴茎和睾丸增大，性腺发育成熟，并伴有遗精现象。

这些生理变化对一部分男孩来说是惊慌和困惑的，他们对自己的身体有着太多的疑问。

有一个男孩在自己的日记中这样写道：

我老觉得自己有病，而且是那种难以启齿的病。有时候，我看到电影里男女亲热或者听他们说一些暧昧暗示的话，我的下体就会勃起，这实在是太尴尬、太羞愧了，其他正常的同学一定不会有我这样的经历。

其实，大多数进入青春期的男孩都和上面这个男孩一样，对于自己身体的变化并不是特别的了解，并因此产生了很多“胡思乱想”，例如有的认为自己生病了，有的因为对“性”的好奇去浏览一些黄色网站和色情书籍，甚至很多男孩因为对身体的不了解，以为自己“变坏了”。

那么面对青春期男孩对自己身体的困惑，父母应该怎么做呢？

方法一：为儿子选一本青春期读物

目前，中国的教育制度中，还没有普及专门针对青春期孩子的“性”教育课，所以这个艰巨的任务自然落在了青春期孩子的父母身上。但是大多数中国的父母却总是抱有这样的观点：

“这些事情等儿子长大了自然会明白！”

“给儿子讲性教育，这太难为情了！”

“男孩子对性了解越早，是不是对他们越不好啊？”

…………

没错，对于传统的中国父母来说，让他们和自己青春期的儿子谈论“性”并不是一件容易的事情，因为父母不是不好意思开口就是不知道怎么开口。因此，面对这种情形，父母不如给青春期的儿子买一本青春期读物。

爸爸发现自己上高二的儿子总是拿眼睛瞄女性的胸部和臀部，他一边心里暗笑儿子的“坏”，一边又担心儿子会因为“性”而犯错误。所以，他就给儿子买了一本青春期读物放在儿子床头，并且在“性欲、性行为以及性行为所产生的后果”这一章节上给儿子标注了重点内容。第二天，儿子虽然见到爸爸有些不好意思，但他还是对爸爸表示了感谢。

所以，当作为父母的你难以开口和儿子谈论“性”时，不如选择用一本青春期读物来打开你对青春期儿子“性教育”的第一课。

方法二：父亲要以过来人的身份解开儿子“身体的疑惑”

有一位父亲的教育经验是这样的：

一天早上，我发现儿子躲躲闪闪地往洗衣机里扔脏内裤和脏床单，然后快速地走进自己的房间，关上了门。这时，我意识到儿子长大了，应该给他讲讲他身体的变化。所以，我敲开儿子的房门，决定和他好好谈一谈。

“儿子，你最近早上起来，是不是觉得自己尿床了。那只是男人一种正常的生理现象——遗精，这说明你成为真正的男人了。我以前也出现过这样的现象。”我看着有些害羞的儿子说。

儿子听后，神情似乎轻松了不少。接着我又给他讲述了男生遗精的时候应该保持怎样的心态以及如何处理。

进入青春期的男孩会面对很多的第一次，例如第一次遗精，这时的他们因为对青春期身体变化了解得少，所以会出现羞赧、猜疑和惊慌失措的状况。

因此，作为父母，我们应该多给青春期儿子解答他们身体的疑惑，尤其是同为男性的父亲，最好以过来人的身份和儿子讲一讲青春期身体的变化，让儿子不会因为羞愧而对自己的身体有“误解”，同时也让他们对自己的生理变化有正确的认识。

第 8 招

“压力真是太大啦！”

——如何为男孩的心灵减负

男孩的困惑

为什么十几岁的我就有这么多的压力和烦恼？学习达不到父母的要求，我就会觉得丢人；朋友们也总是让我做一些我不喜欢的事情；周围邻居对我的指点也会让我很难过……为什么我要生活在这样一个充满压力的世界里？这让我每天都烦恼、头疼，甚至失眠，我该如何解脱啊？

男孩到了青春期，可能父母关注更多的是他的身体健康和学业，但这对孩子来说是远远不够的；因为一个真正健康的男孩子，不但要有一个健康的体魄，还要有一个健康的心理。

事实上，男孩无论到哪一个年龄段，好像都比女孩承受的压力要大一些，因为自古以来人们就喜欢给男孩们贴上“坚强”、“顶梁柱”等标签。所以生活中我们才会常听到下面类似的话语：

“你是男孩子，这点小困难算什么！”

“爸爸妈妈后半辈子就指望你了，你要好好努力啊！”

…………

男孩都有很强的自尊心，以上这些话除了给他们增加心理压力之外，并不能起到激励他们的作用。父母们可能都深知这样一个道理：没有压力孩子会变得懒散，适度的压力会激励孩子奋发上进，而过度的压力会致使孩子因无法承受而产生心理问题。青春期的男孩们总是会遇到各种各样的问题和压力，一般来说，因压力产生的心理症状多表现为紧张、愤怒、焦虑、悲观、消极、怨恨、易怒、暴躁、精力涣散等。那么当男孩出现以上这些心理压力或不良情绪时，父母们应该怎么帮助他们解决呢？

方法一：允许青春期男孩表达他的各种情绪

青春期的男孩大多有一种“舍我其谁”的豪爽之气，而且喜怒哀乐等情绪都喜欢表现在脸上，敢爱、敢恨、敢说、敢做是他们这个年龄段最洒脱的表现。因此面对这个时期的男孩，父母最恰当的方式就是让男孩自然表达他们的各种情绪，不要去嘲笑、轻视，甚至诋毁等。

一般来说，青春期的男孩自尊心特别强，而且正处在叛逆期，如果他们经常从父母那里听到的是这样的话语：“这么大的男孩子还哭，丢不丢脸！”“你是男子汉，怎么一点儿都不坚强？”“遇到一点小事就垂头丧气，真不像男孩子”，这只会增加男孩内心的压力，使之产生更多的不良情绪。

所以，当你面对青春期少年出现哭泣、发怒等不良表现时，一定要表现出父母应有的豁达和理解，进而正确引导他朝着你希望的方向前进。

方法二：采用正确的方法安抚委屈的男孩

处在青春期的男孩都会有些倔强和固执，受委屈的时候，他们通常会有两种表现形式：一是沉默，把所有的委屈藏在自己的心里；二是“无理”发泄，比如摔门、大吼、打架等。无论是哪一种方式，对男孩的身心都会产生不良影响。

一位母亲的教育经验是这样的：

儿子从学校回来之后，一脸的不高兴，晚饭也不想吃。我问他是怎么回事，他闷声说道："妈，今天下午上体育课的时候，我明明没有打张强，可我们体育老师非说我打他了，真是气死我了！我以后再也不上体育课了。"这时，我说："明明不是你打的，体育老师还冤枉你，真是让人生气的事情。不过，体育课还是要上的，而且下次要表现得更好，让那位老师意识到你是一个多么出色的学生。"儿子可能觉得我是站在他这一边的，不但气慢慢消了，而且暗暗决定以后在体育课上要表现得更好，让那位老师刮目相看。

这位母亲非常理智和聪明，她选择理解和尊重自己的儿子，并且站在儿子的立场上去看待问题。这种方式不但容易让受委屈的儿子产生共鸣，而且也更易说服儿子按照自己的建议去做。

因此，当你的男孩受委屈的时候，千万不要一直追问"你为什么这样？""你老师到底说什么了？做什么了？""你怎么这么傻？"……如果你一直像这样追问和责备，不但不会使孩子心中的委屈和不满消解掉，反而会使他的负面情绪增加。遇到这种情况时最好的方法就是理解、尊重。

第二章

不要和男孩做对

改变男孩，不如改变自己

父母们总说青春期的男孩最难管，因为他们情绪反复无常、行为出格，总是给父母惹麻烦。有时还很固执，而且根本不服从自己的管教。其实，有些行为恰恰因为他是男孩。与养育女孩相比，养育男孩带给父母的挑战要大得多。古希腊伟大的哲学家柏拉图早在2300多年前就这样写道：“在所有的动物之中，男孩是最难控制对付的。”

其实，面对青春期男孩的教育，父母应该学着做一个高智商家长，通过改变自己来改变孩子。只要父母引导得当、教育得当，善于将男孩的个性弊端转变为一种成功的优势，每个男孩都会成为一个了不起的人、一个卓尔不群的男子汉！

第 9 招

男孩素质的决定者

——母亲在教育中扮演的重要角色

男孩的困惑

昨天，我和爸妈一起去外边饭馆吃饭，由于是节日，饭馆的人很多，所以我们不得不排队。本来，我和我爸安静地等在一边，但是我妈非要插队，还和服务员争吵了起来，当时吃饭的客人都注意到我们这边了。我觉得非常丢人，好像我们一家人都没有素质，我妈她怎么能这样呢？

俗话说：“母亲一手摇着摇床，另一只手却在摇动整个世界。”没错，母亲在男孩的一生中扮演着至关重要的角色，说母亲是男孩素质、品性的塑造者一点也不为过。

有一位已经成年的男人在回忆自己的母亲时，是这样讲述的：

我一直以来都很感谢我的母亲，因为她不但教会我如何上进、努力，更教会我很多做人的道理。我还记得，当我十几岁时最叛逆的时候，整天都会给家里惹很多麻烦，有时会气得父亲想要动手打我。但是母亲用她的温柔、体贴阻止了这一切，她带着我去给那些被我伤害的人道歉，然后教导我怎样改变自己的坏脾气、要交什么样的朋友。她从来没有严厉命令我去做什么，而是引导我，让我逐渐自己意识到错误。如果不是母亲的关爱与教导，我想我的人生会走上另一条并不光明的道路……

其实，受到生理特征的影响，男孩自幼与母亲接触频繁，再加上大部分母亲都非常温柔细腻，所以，男孩与母亲之间的亲密度远高于与父亲之间的亲密度。因此，母亲如果能耐心引导青春期男孩，并且以身作则，使男孩能感受到母爱的温暖；同时直接或潜移默化地将自己的修养、观念、思想传递给青春期的男孩，并经常与他保持交流、沟通，那么男孩可能就会逐渐改掉自己的坏毛病，变成一个真正有责任心、高素质、品行端正的男子汉。

方法一：告诉男孩，“妈妈全靠你了”

要想把男孩培养成为适应未来社会的男子汉，当妈妈的不妨表现得弱一些，给男孩提供显示本事的机会。如果母亲过于能干、刚强，就会使男孩没有施展自己本领的天地，他会变得软弱；相反，如果母亲表现得柔弱一些，就会令男孩坚强起来，意识到自己有保护弱者、保护母亲的责任。

李克的爸爸出差了，妈妈独自在家照料儿子。妈妈胆子小，她家楼上有人养了一条大狗，每次上楼，狗一叫，妈妈就会吓得直哆嗦。爸爸出差之后，妈妈对儿子说：“这回惨了，你爸走了，我连楼都不敢上了。你要保护妈妈，一切全靠你了！”李克拍着胸脯说：“别怕，妈妈，我来保护你！”

于是，爸爸不在家的日子，每次上楼，儿子走前面，妈妈跟在后面。大狗一叫，李克虽然也害怕，却壮着胆子对妈妈说：“别怕，有我呢！跟我走！”从此以后，不论在任何场合，李克都首先想到要保护妈妈。

为了培养男孩的男子汉气概，在生活中，当遇到不擅处理的事情或问题时，妈妈就可以对儿子说：“一切全靠你了！”男孩在爽快答应的同时，总会流露出一种作为男子汉帮助母亲、保护女性的自豪与得意。久而久之，家里像修电器、搬东西等技术活和力气活基本上都是男孩的事了。

的确如此，妈妈把儿子当成男子汉来培养，他就会变成令妈妈满意的男子汉；相反，如果妈妈一直把儿子看成小孩子，即使男孩长到了20岁，甚至30岁，他在心底还是希望妈妈关心他、保护他，永远像个长不大的小孩子。

方法二：找一切机会，引导、规范青春期男孩的行为

青春期的男孩比较冲动、急躁，而且人生阅历尚浅，所以他们还不能完全分辨事情的好与坏、对与错，更是常常惹是生非，给父母制造很多麻烦。因此，作为母亲应该把握一切机会去引导他，告诉他哪种行为是正确的、哪种行为是错误的。

一位母亲这样总结自己的教子经验：

儿子今年14岁了，是大家眼中非常懂事的好孩子，其实这里面有我的功劳。从儿子很小的时候我就开始有意识地规划他的行为，例如在外边遇到邻居，我会告诉他要主动打招呼；等他长大一些，尤其是进入青春期，我告诉他作为一个真正的男子汉，要经常帮助身边的人，尤其是老人、妇女和儿童。平时，和儿子一起出门逛街，我从不插队或者表现出对别人的不满，而是友好、耐心地对待他人。儿子有时年少气盛会忍不住对别人发泄怒气，这时我就会想办法分散他的注意力，然后等他情绪平稳之后，再告诉他什么是对、什么是错……所以，儿子现在虽然处于叛逆期，但他从来不做什么出格的事情，也能很好地控制自己的负面情绪，我想这和我一直以来的教育是分不开的。

这位母亲的经验非常值得其他男孩父母们借鉴。其实，母亲们对青春期男孩的素质教育，完全可以从生活中的点滴小事开始，例如主动让座、不插队、乐于助人、宽容他人等。这些引导男孩讲文明、懂礼貌、关爱他人、遵守社会公德的行为就是母亲爱孩子的最佳表现。

第 10 招

一个父亲胜过一百个校长

——父亲在教育中扮演的重要角色

男孩的困惑

我爸给我的印象就是个“空中飞人”，因为他要经常坐飞机出差。虽然每次出差他都给我买回很多玩具，但我更希望他多点时间和我一起玩。现在我已经 16 岁了，老爸每次见我都说我根本不像个男子汉，做事犹犹豫豫、没有胆量，难道这是我的错吗？难道这不是他造成的吗？

英国文学家哈伯特曾经说过：“一个父亲胜过一百个校长。”是的，如果说母亲是青春期男孩素质的决定者，那么父亲便是青春期男孩成长路上的巨大助力，无异于男孩的人生导师。正如人们说的那样：“让一个男孩和一个合适的男人在一起，这个男孩就永远不会走上邪路。”而这个“合适的男人”在生活中则非父亲莫属。

所以说，父亲在青春期男孩的成长过程中起着关键性的作用。例如当男孩遭遇困境，需要感情支持时，如果一抬头就看到父亲站在自己的前方，那么他会更加自信、坚强；反之，如果父亲总是在男孩需要关心的时候缺席，时间久了，男孩的性格就会发生改变，变得自卑、孤僻，没有男子汉气概……

下面这位父亲的经历或许能给其他男孩的父母一些警示：

由于工作繁忙，我对儿子的教育一直不太上心，最多的是给他经济上的支持。所以，到了儿子上初中时，他对我最常说的一句话就是："爸，给我点钱！"儿子小时候我没时间教他怎样做人，现在我有时间了又到了他叛逆的年龄，他根本听不进去我的劝告。原来我以为男孩子长大了就懂得怎样做一个真正的男子汉，可是现在我才发现，如果做父亲的不去教儿子，那么他的性格、习惯、品行就会发生很大的不良转变。

没错，现如今很多父亲为了事业而"牺牲"了自己的儿子。他们认为只有辛勤工作才能为儿子提供最优越的物质生活，却不知道对于男孩来说，父亲的陪伴才是最迫切的需求。青春期男孩的成长离不开父亲的引导，他们需要从父亲那里学习、模仿如何成为一个真正的男人。

因此，作为男孩父亲，你应该以身作则，用自身优良的人格和品行去影响和感染你的儿子，让他学会如何做一个善良、感恩、勇敢、坚强、懂礼貌的真正男子汉。

方法一：为青春期的男孩制定一些规矩

14 岁的亮亮很邋遢，每次回家将衣服脱下就四处乱扔，书包随手就往地上一放，从不会规规矩矩把东西放好，每次都是妈妈帮他收拾。有一次，亮亮爸爸下班早，看到了亮亮邋遢的一幕，便皱起眉头问："你怎么乱放东西？"单单这一句，亮亮的脸就红了，他马上把自己的衣物收好了。此后，亮亮邋遢的行为收敛多了。

事实上，父亲在家庭中大多都是权威的象征。例如生活中很多十几岁的男孩不服从妈妈的管教，但当他面对严厉的父亲时，做事则少了很多借口。这是为什么呢？究其原因，一方面是因为男孩是“规则性动物”，习惯凡事都按规矩来，也喜欢为别人制定规矩，所以他们大多数会听从严父的规矩；另一方面，青春期的男孩虽然渴望自由，但也同时渴望有人给他制定明确的目标和规矩。

因此，父亲可以利用自己的权威性制定一些家庭规范。以吃饭这件事情为例，在准备饭菜的时候，父亲可以要求男孩去和妈妈一起准备；还要规定吃饭的规矩，比如吃饭时尽量少说话等。当然，规矩还可以扩展到让男孩清扫房间、整理衣物、打扫厕所等日常生活起居的各个方面。

当然，规矩一定要人性化，否则那些“大男孩”会提出质疑，或者直接反抗，导致叛逆。不过，对于一些原则性规矩，父亲们还是要坚决反对修改，比如不准夜不归宿、熬夜上网等。长期加以引导，男孩便会逐渐明白制定、遵守规矩的重要意义，并不断完善自己。

方法二：用你的男子汉气概感染你的“大男孩”

现实生活中，大多数父亲都不会像母亲那样，对自己的儿子宠溺、维护，他们时常在儿子面前摆出一副“硬汉”的模样，以便让儿子感受到他们的威严与权威性。除此之外，有关教育专家通过研究发现，如果男孩子经常和自己的父亲在一起，他们大多会变得性格开朗、头脑灵活、身体健壮、充满活力。因此，在日常与儿子的相处中，父亲应该尽力用自己的男子汉气概感染儿子。有一位父亲是这样做的：

儿子小时候老爱生病，家里的老人和孩子的妈妈因为担心孩子的身体，对他非常溺爱。我认为男孩子就应该有个男孩子样，不能像个小绵羊似的躲在大人的身后。因此，在医生的建议下，我每天清晨都会带儿子去跑步。平时，我总是让儿子看到我幽默、勇敢的一面。慢慢地儿子的身体也好了起来，高中还参加了学校篮球队，而且因为他豪爽、幽默的性子结交了很多好朋友。

由此可见，男孩身上的男子汉气概完全可以被父亲引导出来，关键在于父亲肯不肯抽出时间和精力花在儿子身上，能不能用一颗真正关爱儿子的心去教导他做一个正直、坚强、勇敢的人。

对于如何引导和培养青春期男孩的男子气概这一点，父亲首先要做好表率，自己要先做一个顶天立地、光明磊落的男子汉。其次，可以适当给男孩进行一些挫折教育，或者和儿子一起去做户外锻炼毅力的运动，如爬山、游泳、踢球等。最后，父亲一定要花些时间在儿子身上，不要因为工作繁忙而忽略了青春期男孩的教育问题。

第 11 招

打骂孩子只能证明父母的无能

——不要动手打骂你的儿子

男孩的困惑 

不就是期末考试没考好，还回家晚了吗？有必要拿着鞋底追我半条街吗？我是不是你们的亲生儿子，怎么想打就打、想骂就骂，我生下来就是你们的出气筒吗？难道你们从来没有爱过我，只是把我当成光耀门楣的工具吗？

教育学家苏霍姆林斯基说过这样一句经典的教子名言：“父母不用温柔、理智的良言善语，而是打耳光和用皮带抽打孩子，这就如同在雕塑作品时不用精巧的雕刀，却动用生锈的斧头。”没错，打骂教育永远教不出好孩子，尤其是面对青春期的男孩，打骂只会更容易激起他们的反抗意识，让他们变得更叛逆。

虽然说“不打不成器”、“棍棒之下出孝子”的中国传统教育观念仍然根深蒂固，但现在大多数父母也清楚打骂孩子的行为是不对的，问题是当那些调皮的男孩惹祸时，他们又想不出更好的教育方法。

电视上曾经报道了很多像下面这样的惨剧：

爸爸因 12 岁的儿子贪玩不写作业，就动用了武力。没想到由于这位父亲情绪过于激动，下手很重，打的时间又长，儿子竟然被活活打死了。还有一则真实案例，上初中的儿子要求和爸爸一起玩，爸爸因公务繁忙不能满足儿子的要求，于是就对死缠烂打的孩子生气地踹了一脚，结果儿子头部碰到桌角，惨死在爸爸脚下。

其实，像以上这样惨剧的报道屡见不鲜。心理学家通过研究发现，如果父母在男孩的成长过程中滥用体罚和谩骂，就会给男孩造成诸多心理问题。例如经常挨打的男孩会更容易缺乏自信心、多疑、有挫折感，还容易产生强烈的逆反心理，不愿服从社会规范，或者变得幼稚、软弱、缺少男子气概等。

打骂不仅会破坏父母与孩子的亲密感情，还会严重伤害男孩的自尊心，长期下去，会使他对父母产生怨恨，甚至与父母对抗、对骂、对打。这种打骂教育并不能起到真正威慑男孩的作用，相反会让他变得习以为常，不再畏惧。

因此，父母应该抛弃打骂这种无能的教育方式，多给青春期男孩一些宽容、理解和信任，尽力做一个不打不骂孩子的好父母。

方法一：对青春期男孩多采用“事不过三”原则

一位妈妈讲起了这样一件关于她和 13 岁的儿子的事情：

有一天，我突然接到儿子班主任打来的电话，说是儿子在学校偷了同学的钱，被同学揭发。我知道后很是气愤，回家便对儿子一顿暴打，儿子一边哭一边求饶说：“妈，你别打了，我下次再也不敢了。”可是没过多久，儿子的班主任给我打电话说孩子又犯老毛病了，让我好好教育。于是，我比上次更激烈地揍了他，并把穿着单衣的他关在门外，冻了一个多小时。这之后很长一段时间，儿子都很乖，不再偷东西。不过，儿子也开始变得很害怕我，说话也不敢大声，每天都郁郁寡欢，我们之间的隔阂越来越大。

青春期的男孩难免会犯错误，所以在教育他们时，父母采用惩罚的教育形式也必不可少，但打骂绝不是惩罚的最好方式。因此，当半大小子犯错时，父母可以采取“事不过三”的原则，即初次犯错时，你可以以温和的态度告知儿子他哪里做错了、为什么错了、所带来的后果是什么、应该如何改正；当他第二次犯错时，你可以选择严厉地批评，当然除了警告之外，还要好言相劝、耐心教导；而如果同一错误第三次犯的话，就要给予相应惩罚了，不过，惩罚一定要恰如其分、说到做到，不能给儿子留有任何侥幸心理。

方法二：对青春期的男孩要做到“以理服人，以情动人”

一天，爸爸对上高一的儿子说：“今天不准出去玩，好好在家做作业。”儿子闷闷地说：“我作业做完了，出去玩一会儿还不行吗？”爸爸说：“做完了可以看书。”“老师说要劳逸结合效率才会高，我玩一会儿再回来看书。”儿子说完就打算出门。这时，爸爸有些生气地说：“什么劳逸结合，我让你看你就得去看！”儿子也生气了：“你不讲理！”爸爸瞪了儿子一眼，严厉地说：“哪有那么多道理跟你讲，当年我要是敢跟你爷爷说个‘不’字，早挨揍了！”

其实，像上面的情形经常会在家庭里上演，因为很多父母都认为儿子上了初中或高中，就应该全身心放在学习上。而且，很多父母并不懂得什么大道理，所以在教育十几岁的男孩时，总是习惯摆出一副家长的架子以势压人，更有甚者是拳脚相加。

青春期的男孩虽然爱冲动、爱玩，也比较叛逆，但他们有自己的思想，会思考，也懂道理。如果你想让他真正明白是与非、黑与白，最好采用说服教育，动之以情，晓之以理。

第 12 招

寻找和孩子的共同语言

——怎样走进男孩内心，消除代沟

男孩的困惑

现在很多人说我们零零后是缺乏理想和信仰的一代，还说我们功利心强、不爱负责任。就连我爸妈都整天说我太个性、太自我，不懂得努力上进，说我们之间的代沟很深，可他们有真正了解过我，真正走进过我的心灵世界吗？

有一个 15 岁的男孩在自己的博客中这样写道：

我爸妈真是什么都不懂，而且只要他们不懂的，他们还不允许你去接触，比如现在流行上网，他们就说网络是“毒害”，严厉杜绝我上网，我只好想方设法偷偷地上网；他们还严格控制我和同学玩的时间，假期也要大部分时间待在他们的视野里，说是怕我学坏……以前我也希望可以和父母成为朋友，可是我越来越发现我和他们之间根本没有共同语言，无法聊到一块儿去。

其实，任何一位爸爸或妈妈在回忆自己的青春时光时，都会或多或少地发现自己和父母也曾出现过很多“不和谐的声音”，例如父母不了解自己的想法，或者看不惯自己的言行举止、穿衣打扮等等。这些我们都称之为父母与孩子之间的代沟。

其实，青春期的男孩和父母产生代沟是很正常的，而且大多数代沟的产生都是由生理、心理、角色差异这三方面的原因造成的：

首先，男孩一进入青春期，体力和智力就发展迅速，他们好动、爱冲动、敢创新、追求个性和自我，但缺乏足够的耐心和毅力；而作为成年人的父母，身心都已经成熟，人生观、价值观、社会观等都已经固定，缺乏变化。

其次，青春期的男孩在心理发展上自我意识逐渐增强，他们热爱自由、独立，但又易怒、易冲动，还很容易受他人影响；而心理早已成熟的父母，则习惯用自己的思维方式和生活方式去要求男孩。

最后，青春期男孩渴望父母把他当成平等的大人对待；而对孩子有很多期望的父母则习惯为儿子安排好一切，希望儿子在自己的安排和保护下踏上更成功的道路，两者自然会产生分歧。

上述三方面的不同，导致了青春期男孩和自己的父母之间产生了代沟和矛盾，进而引发一连串的教育问题。那么父母们应如何走进儿子的内心，消除代沟呢？

方法一：主动寻找共同语言，成为儿子的好朋友

很多青春期的男孩经常说自己和父母有代沟，其实想表达的就是父母落后了。例如青春期男孩认为很潮、很时尚的装扮，父母就说奇装异服和不伦不类；他们烫发、染发，父母就说他们变坏了；他们狂热追星，父母认为是不务正业……

事实上，青春期孩子追求个性和时尚、喜爱明星偶像都是一种很正常的现象，是现代社会发展的产物。然而，没有和孩子同步发展的父母们却总是认为他们太张扬、太浮躁，坚持自己旧有的思考模式和教育模式，而且总习惯以家长权威去命令孩子听自己的，这自然会引发矛盾。

有一位父亲的教子经验是这样的：

面对与青春期儿子的代沟，我曾经十分苦恼，也曾和儿子产生过激烈的争吵。我希望他按照我眼里的正常轨道前行，但儿子总是偏离出去，他说我根本不懂他的世界、不懂他真正需要的是什么。于是，我决定试着和儿子做朋友，试着去寻找我们之间的共同语言。

例如我了解到儿子课余时间很喜欢看网球比赛，喜欢的网球明星是纳达尔，我就专门上网去搜寻此人的相关信息，有时候我还会把比赛给儿子录下来，让他一回家就可以看到。后来我还给儿子买了专门的网球拍，而且在征求他的同意后，我们一起报了网球班。就这样，我和儿子在他喜欢的网球运动上找到了共同语言，而且成了很好的球友。

瞧，只要作为父母的你肯用心去观察儿子的世界，去寻找和儿子的共同语言，你们就会成为很好的朋友；而且多接触年轻人喜欢的东西，父母自己也会变得充满活力、心情愉快。这样，和儿子之间的代沟自然消除了很多。

方法二：多提供与儿子互相了解的机会，学会和他平等对话

一位男孩的父亲在谈起自己的少年时光时，是这样讲述的：

父母为了工作一直把我寄养在奶奶家，我和他们一年也见不了几次面，后来上了初中我才转学到父母身边，但我和他们的关系很陌生。他们只知道给我钱花，从来不肯花时间陪陪我，或者询问我的学习情况。那时候我叛逆很严重，经常和别人打架，他们也只是骂我几句或者打我几下，从来不过问我打架的缘由。所以我一直感觉很孤独，认为他们根本不爱我。现在，我总是会抽出很多时间和儿子在一起，以便我们有更多机会了解彼此的内心世界。

由此可见，父母和青春期男孩代沟的产生，除了上面讲过的父母落后的原因之外，更重要的是父母没有给儿子和自己提供更多互相了解的机会。

青春期的男孩很少主动去找父母谈心，他们觉得面对面地和父母交谈有点不自在，担忧父母根本不给他们说话的机会。因此，我们除了要主动给男孩多提供一些彼此沟通的机会外，还要学会和他进行平等对话，学会站在朋友的立场上和他交流谈心，当然也可以借助一些“平行交流”的方式，例如一起看电影、运动、做家务、逛街、上网……

第13招

男孩最烦“爱告状”的父母

——如何才能做到家校合一

男孩的困惑

自从我上了高中后，我发现我妈往学校跑的次数越来越多了，她当然不是来看我的，而是去找我们班主任“了解”我的情况的。说实话，不就是老师向她打打我的小报告，她向老师说说我的不良行为吗？我知道，只要家长学校一“合计”，我不是挨骂就是被限制玩的时间，我真讨厌他们这样！

金瑞的父母一直因为忙于工作而疏忽了对他的教育，有好几次家长会都是金瑞的爷爷奶奶参加的，所以金瑞对自己的父母有很多抱怨。但另一方面他又觉得父母不过问他学校里的事情，学校老师也不清楚他家庭的具体情况，那么他就有很多机会耍耍自己的小聪明。

有一次，他对父母说学校要组织一次活动，可能要半个月，而且还需要一笔不小的费用，父母没有任何怀疑地就把钱给了儿子。同时，金瑞对老师说家里有些事情要请长时间的假，并且还拿来了父母的“证明书”。其实这些都是金瑞捏造的，他拿着那笔钱和一帮在社会上结识的朋友去了广东，直到因偷窃被警方拘留后，父母和老师才知道发生了什么事情。

其实，像金瑞这样的事件在现实中并不罕见，很多青春期的男孩都会在父母和老师之间耍一些小聪明。为什么这些十几岁的孩子有时能够成功欺瞒父母和老师而达到自己的目的呢？究其原因，是父母和老师给了这些孩子可以钻的“空子”，尤其是父母。例如上例中的金瑞，如果他的父母能够事先和学校老师进行沟通、确认，那么就不会被儿子欺骗，也就提前预防或阻止了此类事件的发生。

因此，作为青春期男孩的父母，应该更加注重和学校老师沟通，交流孩子的学习、生活等各方面的情况，尤其是遇到一些青春期问题如性教育、早恋等老师不便和男孩进行沟通的问题时，父母就要接过老师的教鞭，让家庭和学校这两个教育平台能够更畅通地结合在一起，真正做到家校合一。

父母可采用的具体教育方法可参考以下几点：

方法一：父母要多和老师沟通，做到双方目标明确、意见统一

父母们常常说：“哪个做爹妈的不盼着自己的儿子好啊！”老师们心里也常常想：“哪个老师不希望自己的学生出色呀！”这样看来，父母和老师教育孩子的目标是一致的，相互配合根本没有问题。但实际情况却是，面对青春期男孩的问题，父母和老师之间互相埋怨和指责的事情时有发生。

有一位初中老师在自己的博客中记录了这样的一件事情：

我班里有一个学习很好的男生，他学习很用功，而且有点“两耳不闻窗外事，一心只读圣贤书”的意思。由于他在学习方面比较省心，所以，我更关注他在做人方面的一些不足，例如我会经常提醒他不要老迟到、要学会多关心和帮助别人、多为集体做事等等。

有一次，我在楼道里晕倒了，还是他把我送到了医务室，为此我还给他写了一封感谢信，表扬他学会关心人了，鼓励他做得更好。可是他的父母对这一切都不以为然，一心只关心他的学习成绩，还常常到学校挑剔年轻老师的教学，甚至埋怨学校不安排校车接送学生；他们竟然还故意把孩子的闹钟拨慢 15 分钟，为了让儿子能多睡一会儿而迟到。像这父母的种种做法，能说和学校的培养目标是一致的吗？

为什么家校合作的效率会这么低呢？从上例中我们就可以得出一些答案：父母更偏向于孩子的学习成绩，而学校希望培养全面性人才。当然，我们也不可否认，有很多学校更偏重于学生的学习成绩，但家庭和学校的配合不能只为了提高男孩的学习成绩，更应该从品德、习惯等各方面去引导男孩朝着高素质人才方向发展。

因此，父母和老师应该经常沟通，做到双方目标明确、意见统一，这样才能真正做到家校合一，给青春期男孩创造一个更美好的未来。

方法二：不要让家访和家长会成为“告状交流会”

很多青春期男孩非常讨厌家访和家长会，为什么呢？我们先来听听男孩们怎么说：

“每次家访，我妈都向老师说我很多坏话，不是说我学习不用功，就是说我玩心重。总是拜托老师在学校多管管我！”

“年末家长会我最怕请家长，因为老师告诉父母的都是我的‘坏’。我知道自己比较喜欢恶作剧，但我也没伤害同学和老师啊，都是开玩笑的事情，可回到家我就被骂、被打，我真恨我们老师！”

“在家父母管着，在学校老师管着，只要他们一碰面，我的日子就过得更苦。我又不是笼子里的小鸟，难道就不能给我一点儿自由吗？整天就知道批评我，难道我没有优点吗？”

…………

世界上 100% 的孩子都是最烦告状的，无论是老师向父母告状还是父母向老师告状，对于青春期的男孩来说，这只会让他们更加叛逆，加深他们和父母、老师之间的矛盾。

因此，父母一定要妥善处理好和学校的合作问题，千万不要在老师家访时或者家长会上告自己孩子的状。假如老师向你告孩子的状，那么你一定要委婉地告诉老师让他们多表扬一下自己的孩子，多去发现男孩身上闪光的地方，然后加以鼓励和肯定，这样不仅会增强男孩的自信心，也会拉近男孩与父母、老师的距离。

第 14 招

任何情况下都让孩子把话讲完

——做一位合格的倾听者

男孩的困惑

妈妈老抱怨我最近在家里变得不爱说话了，她难道没有意识到我之所以变沉默，完全是因为她没有专心倾听我讲话造成的吗？还有最近爸爸妈妈都变得很霸道，有时，我一句话还没说完呢，他们就打断我开始说自己的，根本不给我表达自己真实想法的机会，我还怎么说话啊！

生活中，我们时常会发现类似下面这样的情形：

上初中的儿子书包都来不及放下，就兴奋地跑进厨房对正在做饭的妈妈说："妈，我告诉你一个好消息，我今天在学校的足球比赛上踢进了关键的一球，我们……"儿子还没有说完，妈妈就不耐烦地打断他说："你没看我正忙着呢，赶紧出去，把你的房间收拾一下，写作业去！"儿子听完，原来的兴奋劲儿一点儿也没有了，垂头丧气地离开了厨房。

作为青春期男孩的父母，你看完这个案例后，仔细回想一下自己是不是也对儿子做过类似的事情。事实上，大多数男孩父母都或多或少地有随意打断儿子讲话的习惯，或者根本没注意听儿子在讲什么，有些甚至对儿子的谈话内容表现出了轻视或嘲笑的态度。要知道，青春期的男孩自尊心是很强的，而且也很敏感，父母对他们的态度他们可以很快感觉出来，而通常受到伤害的他们会选择与父母“较劲”。

因此，作为父母，我们应该学会把话语权还给男孩，而自己做一个合格的倾听者。那么父母如何才能成为青春期男孩的最佳倾听者呢？下面就给父母们提供一些教育方法：

方法一：不要着急打断或否定儿子，多给他讲话或解释的机会

有一位母亲的教育经验是这样的：

每当12岁的儿子来找我谈话时，无论什么事情，我都会耐心地听他讲完。之后，我发现这样的教育效果很明显，儿子有了开心的事情愿意和我分享，有了烦心的事情愿意向我倾诉，犯了错也会主动向我解释原因，更重要的是，无论我对他运用哪种教育方式，像讲道理、摆事实……他都心甘情愿地接受。

为什么这位母亲的教育方法这么有效呢？因为每个青春期男孩都有倾诉的需要。如果父母们在倾听男孩的讲话时，能够多一些耐心、真诚和技巧，不但有助于男孩宣泄自己的情绪，还会满足他们被尊重的需要，这样他们就更愿意与父母说掏心窝子的话。

因此，当男孩向你倾诉时，不要急着打断或否定他，多给他讲话或解释的机会，然后多点耐心，多运用一些非语言符号鼓励他继续谈下去，如眼神、手势、体态等。这样，男孩就会愿意继续和你沟通，你也可以更快地了解他的喜怒哀乐，有助于帮他解决人生难题。

方法二：不要以忙为借口阻断与儿子的交流

如今，很多男孩父母都习惯以忙为借口来减少和儿子沟通的时间，认为孩子大了，即使很多事情不听不说，他们也会知道怎么解决。但是，无论孩子到什么年龄段，他们都需要和父母进行交流，因为每个人都有渴望被他人关注的本能，更别说孩子正处于青春期这个特殊的时期了。

有一位母亲向儿子的班主任抱怨说："我儿子和我的关系似乎不知不觉间变得疏远很多，小时候他还挺愿意叽叽喳喳和我说话呢，可是现在看见我就没话说，我都不知道为什么！"儿子的班主任问她："您平常经常和儿子交流谈心吗？"这位母亲说："我哪有时间和他聊天啊，每天的工作和家务活都把我的时间占完了，我太忙了！"

父母为了家庭忙碌本无可厚非，但是再忙也应该每天抽出一些时间去听听男孩在学校的趣事，让他讲讲心事。如果你真的很忙，当儿子想要和你交谈时，你也要立即停下手中的事情，对他说："儿子，妈妈非常愿意听你说，但是现在我有点忙，等一下给妈妈讲好吗？"相信得到了你的关注和尊重，男孩也会理解你，并保持和你继续沟通的欲望。

第 15 招

不要用“老子”的身份压“小子”

——如何做到与男孩平等交流

男孩的困惑 

我最讨厌我爸用“老子”的身份压我，好像我这个“小子”这辈子就得跟着他规划的路线跑。我已经长大了，我有自己的思想，我知道什么事情可以做、什么事情不能做，就算大人不提醒我，我也能分清楚黑白。但他们总是拿家长的身份说我，我都快烦透了，他们什么时候才能把我当成真正平等的人呢？

面对青春期的男孩，父母们总是会发现这样一种奇怪的现象：如果父母对男孩说“你必须给我这样做”，那么男孩很可能反抗或者心不甘情不愿地去做；但如果父母换种方式说，如“你认为这样做如何呢”，那么男孩就会毫不犹豫地去完成父母交代的事情。

为什么父母一样的要求会得到两种不同的结果呢？原因就在于命令式的不平等沟通会激发青春期男孩的叛逆意识，而平等、尊重的沟通方式会让男孩更愿意听从父母的引导和管教。

一位母亲讲述了一件发生在 13 岁儿子身上的事情：

儿子苏磊和班里的一个叫韩雨的男孩是好哥们。每天放学后，儿子经常跑到韩雨家里玩。我担心两个调皮捣蛋的大男孩凑到一起会惹事，会把韩雨的家搞得天翻地覆，引起他父母的反感，所以，我就想先给韩雨的父母打个电话，道个歉。没想到，韩雨的父母却先把电话打了过来，并在电话里表扬了我儿子，说他是个懂事的孩子，不但帮忙收拾屋子，还帮助韩雨的爸爸修理家具。等到儿子回来，我就把韩雨父母的夸奖讲给他听，儿子顿时有点不好意思："老妈，你以前对我说过，我是个大人了，在麻烦别人之前，一定要先让人家高兴，这样才有资格提要求。我去韩雨家里玩，就必须先让他的父母高兴，所以我每次都主动帮他们做家务。"

上述事例中，苏磊的母亲并没有告诉儿子到同学家应该怎么与对方的父母相处，但是苏磊已经从日常生活与父母的协商中，形成了自己的一种独立思维模式，并学会把它运用在人际交往过程中。试想一下，如果苏磊的父母在日常生活中总是命令儿子去做某些事，那么到别人家里，没有父母的命令，他也自然不会主动去做。

所以说，父母在引导青春期男孩与自己沟通时，一定要秉着平等、理解、信任、尊重的原则，在潜移默化之中，将优良的品行、阳光的心态、解决问题的方法等传递给自己的孩子，以帮助他完善自己的独立思维模式并提高各方面的能力。

方法一：父母要学会放下身段和儿子站在同等位置

青春期的男孩已经不像三四岁的小男孩那样一切听从父母的"指挥"，从进入青春期那天开始，他的成人意识就开始生根发芽，而且随着他身体的发育、思想的渐渐成熟，你会发现你的"小王子"已经不知不觉成了翩翩少年。所以，作为父母，你与自己儿子的沟通"位置"也要发生改变，不要让他仰视着和你沟通，而是应站在同等位置，平等地和你交流。

有一位父亲就做得非常好：

我虽然是个有点大男子主义的男人，但我从来不在儿子面前摆架子，更不会命令他去做什么事情。因为我认为平等的交流更有利于他成长为一名真正的男子汉，尤其是当他进入青春期后，我就完全把他放在和我一样的位置，我们平等交流、自由沟通，不存在“老子压制小子”的事情。我发现，这样的交流方式反而让我们的关系更亲密，而且儿子做起事情来独立、果断、有主见，我想这和我一贯的平等交流方式是分不开的。

的确，父母如果都能做到与青春期男孩的平等交流，那么青春期的男孩自然会少了很多的叛逆和委屈，因为他们在得到尊重、平等和理解之后，也会学着去平等对待别人、理解和尊重别人。

方法二：多用协商口吻代替命令

一天放学后，关系很好的吴飞和乐乐出去玩了很久才回家，结果由于太兴奋，两个人回家都晚了。不过，回到家之后，他们两个遇到的询问却是不一样的。

吴飞刚进家门，他妈妈立马黑着脸责骂他一顿：“你怎么才回来！我以前怎么跟你说的，让你早点回家，你都把我说的话当成耳旁风是不是，就知道整天在外边野。真是‘一天不打上房揭瓦’。”吴飞气得捂着耳朵跑进了屋里。

乐乐回到家之后，他妈妈则语气柔和地和儿子商量：“乐乐，你知不知道这么晚才回家，爸爸妈妈有多担心，以后不要这样了好吗？”乐乐听了妈妈的话，不好意思地点点头说：“老妈，我知道！对不起，下次不会让你这么担心了。如果有什么事情晚回来，我会提前给你们打电话的。”

其实，吴飞的妈妈和乐乐的妈妈想要传递给儿子的信息是一样的，但是所引发的后果却大相径庭。根本原因就在于吴飞的妈妈用命令的语气和儿子沟通，结果让儿子很难心甘情愿地去改正自己的错误；而乐乐的妈妈用商量的语气与儿子沟通，则达到了事半功倍的效果，不但令儿子心悦诚服地接受父母的要求，而且改正了自己的错误。所以，当父母希望男孩做什么的时候，不妨用商量代替命令。

第 16 招

有话一定好好说

——如何批评男孩的错误才最有效

男孩的困惑

昨天，我为了一点儿事情和别人打了一架，结果老爸知道后，当着所有人的面狠狠地骂了我一顿。我心中不忿就顶了两句嘴，没想到他竟然毫不留情地扇了我一巴掌。难道他不知道我也有男人的尊严吗？不知道我也要面子吗？

批评作为一种教育手段，目的就是让那些半大小子知道什么是错的、什么是对的，从而积极地改正错误，避免再犯同样的错误。但是面对难免犯错误的青春期男孩，父母在批评他们时，一定要讲求方法和技巧。

下面这位母亲就因为采用了错误的批评儿子的方法而感到懊悔：

我儿子浩浩今年 13 岁，从小我们一家人就很疼爱他，尤其是我，可以说是有点溺爱他。不过，我无法容忍儿子反驳我。但儿子进入青春期后，很叛逆，开始学会了反抗。所以，每次我教育浩浩时，只要他一提出反驳意见，我就火冒三丈，劈头盖脸地责骂他一顿。

有一次，我实在无法忍受儿子总是和我顶嘴，一时气急，就揪住儿子的耳朵，怒气冲冲地说："从小到大我给你说过多少遍了，不要和我顶嘴，你怎么就死性不改呢。我供你吃穿，供你上学，没想到养了一个白眼狼！我要你有什么用？给我滚！"没想到，当天晚上，儿子就留下一封信离家出走了。虽然说现在儿子找回来了，但我们的关系变得更加糟糕了。

青春期的男孩犯错误是不可避免的，这时作为父母，你可以选择批评他，但不能使用蛮不讲理的态度，更不要以长辈的身份恐吓、威胁他；而是应该把他当作和你一样平等的人，否则正处在叛逆期的男孩会对你的批评产生"免疫"、质疑和反感，那样的结局对于父母和孩子来说都是悲哀的。

那么当我们面对犯错误的青春期男孩时，应该怎么批评他们才更有效呢？下面就给父母们提供一些可行的建议和方法：

方法一：批评男孩，一定要给他留面子

要想让男孩乐于接受批评，就要学会利用一些批评的技巧。也就是说，当男孩犯错误时，父母先不要急着批评或惩罚他，抑或是劈头盖脸一顿臭骂。这种处理方式过于急躁，孩子不但体会不到家长的爱，反而会对家长产生抵触情绪。高明的批评是让他自己去反省，进而认识并改正自己的错误。

有一次，赵先生突然在15岁的儿子房间里发现了一个新的运动手环，赵先生并没有给儿子买过运动手环，也没有给过他钱让他去买，那么这个运动手环是哪里来的呢？

几天后，这位父亲接到了派出所的电话，说他的儿子和几个同学一起偷了一家商店。没想到儿子竟然做出了这么丢脸的事情，这位父亲大怒。他真想立刻冲到儿子的房间，狠狠揍他一顿，但理智没让他这样做。儿子刚15岁，还是个孩子，是初犯，如能通过批评教育及时正确引导，比打一顿的效果会更好。

于是，第二天下午，他提前下班，正好儿子也回来了，他就把刚收到的一份《法制报》递给儿子，上面登有一段关于少年犯的文章。等儿子看罢，他趁热打铁，从一条小虫毁了一条大船谈起，谈到盗窃者的心理，今天偷 1 元，明天想偷 10 元，日后就会犯更大的错误……儿子听得很认真，不断点头，他就趁热打铁，直截了当地提起此事，先讲了如何做人、遵纪守法的道理，最后说："爸爸希望你主动把这个运动手环交给派出所，接受惩罚，以后以此为戒。"儿子听后，发自内心地哭着说："爸爸，您放心，我再也不干坏事了。"

此后，儿子真的变了，到了期末还拿回家一张奖状。

赵先生的这种批评技巧可以起到消除男孩防卫心理的作用，容易让他在短时间内接受我们的批评和建议，更容易让他认识并改正自己的错误。

方法二：避免长篇大论地唠叨和说教

青春期的男孩最怕和最厌烦的就是父母长篇大论地唠叨和说教，因为处在青春期的他们认为自己已经具有思考、办事的能力，不需要父母在旁边不住地"指点"，他们自己能够处理遇到的问题，他们觉得——"我已经是大人了，我知道事情该怎么做，我知道什么是对错，我知道……"

是不是青春期的男孩真的已经成人，什么都知道呢？当然不是，只不过这种"成人意识"已经开始主导他们的思想，所以犯了错之后，无论父母怎么唠叨、啰唆都无济于事，只会让孩子觉得更烦，对于纠正男孩的错误一点儿用都没有。

有一位男孩就在日记中这样写道：

我今年已经 17 岁，是一名高二的学生了，虽然再过一年在法律上我才算真正的成人，但我觉得自己早已经是个成熟的大人了，我可以对自己做过的事情负责。前几天，我为了一个女孩和另一个男孩打了一架，我没觉得有什么问题，但我的父母知道之后仿佛我做了多么不可饶恕的事情一样，整天在家唠叨我，一会儿说打架不对，一会儿说我早恋不应该，烦都被他们烦死了。最后，我干脆躲到奶奶家，图个清静。

其实，青春期的男孩虽然比较叛逆、冲动，但他们大多都有是非意识，知道哪些事情是允许做的、哪些是不允许的。虽然他们还没有真正进入成人的世界，但不可否认他们已逐渐形成了自己的价值观和人生观。所以,父母不要试图用唠叨和说教去纠正男孩的错误，而是应适当地从旁引导，多给男孩一些思考的空间和自由。

第 17 招

表扬男孩要恰到好处

——面对青春期男孩，父母应该怎样表扬

男孩的困惑

我虽然很喜欢别人表扬和称赞我，但过度的称赞会让我很不好意思。例如有一次我不过是帮助老妈打扫了一次房间，她就不停地赞美我。其实，我想告诉她，我已经不是小孩子，不会大人哄我两句，我就什么都去干。我在成长，他们表扬的方式为什么不能改改呢？

西方心理学家曾经做过这样一项实验：他选择了一位相貌非常普通又有些自卑感的男生，然后瞒着他对班上的女同学说：“你们从现在开始要给这个男孩写信，并且称赞他的相貌，表达你们对他的喜爱之情。”没想到，一段时间之后，人们发现这个被赞美的男孩果然变帅气了，而且更加自信了，简直与原来判若两人。

为什么表扬和赞美竟会对男孩有这么大的魔力呢？美国著名的教育家约翰·杜威认为：“人类本质里最深远的驱策力就是希望具有重要性，希望被赞美。”没错，人人都渴望被表扬、被认可、被理解、

被尊重……一旦这种精神需求得以满足，他就会自信满满、动力十足地投入学习和生活中。

不过，也有很多父母提出了这样的疑虑：表扬似乎对青春期的男孩不起什么作用。程彦的妈妈就遇到了这样的情况：

老师和专家都告诉我要多表扬孩子，我也确实这样做了，可为什么对儿子一点儿作用都没有呢，反而让他觉得我很可笑。我儿子程彦今年上初三，学习成绩中等偏上，我当然希望他能考到优秀，但我也知道不能光批评他，要多表扬他，可是往往弄巧成拙。有一次，他化学考了 75 分，我就表扬他说考得不错，没想到儿子瞪大双眼望着我说："你真的觉得不错？""嗯，不错！""我化学成绩从来没低于 85 分，你对这次还觉得很不错？你对我的要求真的这么低吗？"说完这句话，儿子有点儿生气地回房间了。难道我表扬他也有错吗？

父母表扬孩子当然没有错，但之所以对青春期的孩子没有效用，那是因为父母采用的方法不正确。青春期是男孩人生的第二次生长高峰，其最大特点在于自我意识高涨、思维品质矛盾性发展、情绪明显变化严重、强烈需求社会性能力的发展等。因此，父母如果缺乏对这些特点的正确认识，就很容易导致表扬失效。

不过，如果父母们能够掌握表扬青春期男孩的方法，那么对他们的表扬教育还是能起到很大作用的：

方法一：表扬男孩要注重引导，做到目标明确

有一位母亲的教育经验是这样的：

一天，上高一的儿子从学校回来后，兴冲冲地走到我面前说："老妈，看！我今天画的画！"

我笑着说："儿子，你这画不错，一定动了不少脑筋。"

儿子也兴奋地问我："那你觉得我哪里画得好呢？"

“你看这水的波纹，你肯定日常比较注意观察水被风吹动的样子。不过，你能告诉老妈，这里的树木为什么是蓝色的吗？而那边的小房子为什么通体都是红色的呢？”

儿子把自己创作时的想法一五一十地告诉了我。虽然我知道儿子的想法很抽象，画画的水平也不高，但是当儿子讲完之后，我依然说：“你的想法真的很好，我很欣赏你，而且我决定这周末带你去野外爬山踏青，让你去大自然中写生，怎么样？”儿子笑着说：“老妈，谢谢你！我一定会画得更好的！”

其实，父母的表扬对儿子的行为具有控制作用，但是青春期的男孩自我意识高涨，他的主观能动性很强，因此我们更应该注重表扬时对他行为的引导，而不是控制，另外还要注意表扬目的的明确性，这样才能起到良好的效果。

方法二：表扬男孩要注重场合，要态度真诚

青春期的男孩更看重的是自己在他人心目中的形象，他们大多自尊心强、好面子，所以父母在表扬他们时，一定要注重场合，态度要真诚，绝不能敷衍了事。

下面这位父亲就犯了不注重场合表扬儿子的毛病：

一天，东峰和父亲去参加一场业余的足球比赛。本来东峰没有机会出场，但他们队的一个队员脚踝临时受伤，16 岁的东峰就成为替补队员上场了，而且东峰在下半场的时候为本队踢进了一个球。虽然这个球并不是决定这场比赛的关键，但东峰还是很兴奋，他以为父亲会表扬和称赞他，谁知父亲在他踢进球之后，只顾和别人讲话，根本没理他，这让东峰有些失落。事后，父亲在回家的路上才想起来称赞儿子两句，但东峰已经失去了兴致。

由此可见，青春期的男孩更希望父母在公众场合真诚地表扬和肯定他们，因为这不但会满足他们的面子，还会凸显他们的能力，增强他们的自信心。不过，父母不要当着男孩同龄人的面故意称赞自己的儿子，这很容易给渴望在同龄人中找归属感的男孩带来人际交往方面的压力，这时，应该采取直接表扬和侧面表扬相结合的方法。

总之，如果表扬青春期的男孩，并且想要收到期望的效果，父母就必须注意表扬孩子的场合，然后用真诚的赞美来沟通自己和孩子的内心世界。

第 18 招

惩罚是不良行为的自然后果

——如何应对男孩做错事

男孩的困惑 

前段时间我偷偷拿了妈妈钱包里的几百块钱花了，被妈妈发现后狠骂了一顿，还罚我周末不准出去玩。其实，我也不想偷她的钱，本来说好同学生日我请客，可是妈妈就是不给我钱，我只好选择“偷”的方式，真不知道下次我要是做错事，妈妈会怎么严厉惩罚我呢。

父母们常说：“孩子大了不好管，只能狠下心来好好惩罚他，这样他才能长记性！”没错，在成人的世界里，人犯了错之后就必须要受到惩罚，这样才能约束他以后的行为。但对于还没有完全成年的青春期男孩来说，不恰当的惩罚只会引发他们的反抗，甚至会让他们一错再错。

有一位母亲就采取了错误的惩罚方式，酿成了家庭的苦果：

17 岁的陈某学习成绩并不好，虽然他也像其他同学那样每天努力学习，但学习成绩就是不上去；再加上他平时比较沉默寡言，同学们也都不爱和他交往，所以无论是在学校还是在家，他都像个没有生气的木偶一样。陈某之所以变成这样，和他母亲的教育方式有着莫大关系。例如每次他拿成绩单回家，母亲对他就是一顿臭骂，有时还一顿暴打。如果他分数特别低，母亲就罚他不准吃饭，周末和节假日更是逼迫儿子在家里学习。终于有一天，对母亲积攒许久怨气的陈某爆发了……

一般来说，大多数父母都习惯用自己的准则和做事方式去监督和约束儿子的行为，希望借此纠正他们的错误，提高他们的能力。但在青春期的男孩看来，父母这种行为就是“强权”和“霸道”，根本不是在纠正他们的错误，而是在不恰当地惩罚他们，让他们失去了自尊、自由。

因此，面对青春期男孩做错事的情况，我们应该多掌握一些正确惩罚他们的智慧，引导他们在改正错误的同时，能够真正地吃一堑，长一智。

方法一：对儿子巧妙运用自然惩罚法

有一位母亲的教育经验是这样的：

我儿子小威是一个很马虎的男孩子，十几岁的小伙子了，做事还经常丢三落四。有一次，他回到家兴奋地对我说：“妈，我们班明天去夏令营。”我就嘱咐他自己带好东西，而他也信誓旦旦地做了保证，说自己一切都准备好了，而且收拾好之后，他还特意让我来看，以表示他很能干。可是我发现儿子没有准备手电筒，衣服带得也不够，于是就提醒他说：“小威，夏令营可是有晚上的活动，而且晚上天气也可能会凉，你再看看有什么忘记带的？”儿子大手一挥说：“没有了，你就放心吧，我一切准备 OK！”结果几天后儿子回来说：“夏令营玩的是很开心，可惜就是衣服带得不够，冻得够呛，晚上山里可冷了！我还忘了拿手电筒，想跟别人借，可是别人都得用。”

这时，我说："是吗？这可真是个小教训，不过下次活动你应该知道怎么办了吧！"儿子说："以后我要事先列个清单，多问一下你和老爸我需要带什么，准备充分一些才对。"

这真是一位聪慧的母亲，她没有当面指责儿子的错误，而是让儿子自己去体会犯错的后果，这样加深印象之后，男孩就会避免犯同样的错误，同时他也会开动脑筋想到更多解决问题的方法。

其实，这位母亲实行的就是由法国教育家卢梭提出的"自然惩罚法"。这种方法就是当孩子犯错时，父母不给他太多的批评和惩罚，而是让孩子自己承受行为过失或者错误直接造成的后果，使他在承受后果的同时感受到不愉快甚至是痛苦，进而引起孩子的自我悔恨，自觉弥补过失、纠正错误，即"我们不能为了惩罚孩子而惩罚孩子，应当使他们觉得这些惩罚正是他们不良行为的自然后果"。

方法二：制定一份规范青春期男孩行为的家规

俗话说"国有国法，家有家规"，要想规范青春期男孩的行为，最好制定一份全家人都应遵守的合理的家规。因为家规可以明确地告诉那些躁动少年们哪些事能做、哪些事不能做，违反规则又会受到怎样的处罚。一旦男孩的行为被准则规范时，他们做事情就会有底线，因为他们知道超越底线会有什么后果。

有一位母亲的教子经验是这样的：

最近，进入青春期的儿子学习成绩开始下降，情绪起伏也比较大，还经常犯错误。因此，为了帮助他安全度过这段特殊时期，我和他签订了一份"行为契约"，内容大致如下：1. 任何一方情绪不稳时，对方都要提醒他（她）到安静的空间待一会儿，假如控制不住情绪，就要接受对方的惩罚，例如打扫房间、做饭等；2. 父母不可在吃饭时间询问学习情况，更不可对儿子进行体罚；3. 儿子要主动找父母谈心；4. 如果有人做错事，一定要先道歉，然后在对方的帮助下找到解决办法；5. 合同有效期一年。

我和儿子都在合同下面签了字，并严格按契约行事。一段时间后，我发现儿子脾气好多了，学习成绩也渐渐恢复到以前，和我的关系也变得更融洽。

由此可见，用一定的规矩约束青春期的男孩，对他们来说还是不错的方法，这种方法还可以避免父母每天对儿子的唠叨、说教，省去了很多的口舌麻烦，既减少了亲子冲突，又避免了男孩犯更多错误，可谓一举多得。

第三章

网络并非洪水猛兽

让网络陪伴儿子健康成长

现今是网络流行的时代，而且网络对青少年的影响非常深，不但渗入他们的学习生活中，也影响着他们未来的生活。但是，网络是虚拟的，良莠不齐，网上的东西有真有假，有对有错，有好有坏，孩子分辨能力差，往往会被网上一些貌似美好的东西引诱而沉迷其中。

面对儿子对网络的痴迷，很多父母束手无策，不知道采用怎样的方法才能把儿子引向正途。其实，孩子上网有很大一部分原因是因为空虚寂寞，所以，家长们在忙于工作、忙于想着怎样提高孩子分数的同时，也别忘了关心一下孩子的内心世界，让孩子幼小的心灵时刻能感受到父母的爱。同时，网络并非洪水猛兽，如果利用它来学健康的、有用的知识，它就会成为学习的好帮手。因此，父母要正确指导男孩上网，让网络对男孩的学习发挥积极作用。

第19招

“我真的离不开网络”

——为什么男孩会上网成瘾

男孩的困惑

我一直认为父母不应该阻止我上网，因为网络可以开阔我的眼界，还能让我结交很多的朋友。当然，我是男生，喜欢玩游戏很正常，那种刺激和吸引力比学习有意思多了，而且网络上还可以看很多的电影，非常刺激和有意思，父母让我戒网，可我就是戒不掉。怎么办？

青春期的男孩大多叛逆，再加上男孩正处于性成熟阶段，不少家长都惧怕男孩接触网络，担心男孩被网络上的不良信息教坏，害怕男孩因为一时好奇而迷恋什么色情网站。因为家长深知，上网虽然能够开阔男孩的视野，但也能够拉男孩入陷阱，如果稍有不当，恐怕自己的宝贝儿子就会从此沉迷网络甚至走上歪路。

特别是在看了一些关于男孩登录不良网站而引发的一系列案件后，家长们更是对网络充满了敌意，不说“提网色变”吧，也恨不得全世界就此断网，于是，为了让自己正处在青春期的男孩健康成长，不少家长采取了强制性的方法：拔掉家里的网线，不在家的时候，把电脑设上密码，不允许男孩独自关着门在房间里上网等。

但时间一长，家长们就会发现，这些办法其实都只是治标不治本。也许密码和房门可以阻止孩子接触网络的脚步，但男孩那颗渴望自由的心、探索未知的心却是无论如何也无法阻止的，而且有时候这种过分的阻挡，反而会加速孩子沉溺于网络中。

那么，究竟用什么样的办法，才能让正处于青春期的男孩正确而健康地接触那个异常复杂和丰富的网络世界呢？

方法一：不用逼迫男孩与网络脱离关系

李先生一到暑假就坐立不安，因为放假时，儿子强强每天总要玩会儿电脑。为怕儿子染上网瘾，李先生从孩子坐在电脑前就开始紧张不已，一直在房间内走来走去，对孩子啰唆不断，接下来干脆在电脑上设置了密码，甚至拔掉了网线。强强对此非常生气，经常偷偷跑到外面的网吧去上网。

对于男孩喜欢网络的问题，家长最错误的方法就是无端指责和限制。比如有的孩子由于一些原因喜欢上网，刚开始时并不严重，但父母被气昏了头，不分青红皂白就打孩子。父母越打，孩子去网吧就越频繁。最后，父母和孩子的矛盾激化，双方甚至处于敌对状态。

其实孩子每天上网不超过两小时，就不能算是网瘾，家长大可不必过于紧张。而且，网络作为现代社会不可或缺的交流工具、学习工具，对孩子的学习和生活也是十分有帮助的。

明智的家长应该是这样的，他们不会要求男孩再也不要上网，而是会积极引导男孩健康地使用网络，告诉孩子如何利用网络来学习知识、充实生活，并积极地参与到孩子所喜好的网络生活中！

方法二：沟通是预防青春期男孩沾染网瘾的好办法

上网成瘾的男孩有个共同特点：性格孤僻内向、不善交际、情感淡薄，与父母的对抗特别强烈。改善这种情况最有效的办法就是加强父母与孩子间的沟通。因此，做父母的务必保持每天与孩子沟通的习惯，多聊一些孩子感兴趣的事情和孩子关注的事情。下面是一位父亲的育儿经验：

我儿子小佑今年 14 岁，自从开始接触网络，很快就达到了痴迷的程度，经常旷课逃学，学习成绩明显下降。于是，我采取上学、放学押送，限制零花钱，为电脑设置密码等方式来控制他，但是都无济于事。后来，我从心理专家那里得知，沉迷网瘾的孩子内心多数比较封闭，所以要教育孩子不再沉迷网络，首先得打开孩子的心扉。

我决定改变我的教育方式。最初，我让儿子与我一起住，我与他一起玩游戏、一起踢足球……渐渐地，儿子感到我们的关系不仅是父子，更是朋友。他开始逐渐向我敞开心扉，从开始时向我请教一些不懂的电脑游戏知识，过渡到他在学习、交友遇到烦恼时，也会倾听我的意见。

成为朋友后，我开始在言谈之间提及沉迷网络的害处，并时常给他讲一些孩子因沉迷网络而耽误学业的故事，不断触动他的心灵。在他对沉迷网络的危害有一定认识后，我就试着给他讲一些有趣的计算机知识。儿子喜欢画画，我就叫他在电脑上画漫画，还教他使用画图软件和动画制作软件，他学得很认真，很快就能自己动手做一些简单的动画了。

渐渐地，儿子开始走出他曾沉迷的网络世界了。

从这位爸爸的故事我们不难看出，教育孩子最好的方式，不是恐吓，不是打骂，也不是说教，而是——沟通！

不管是为了预防孩子沉溺网络也好，还是引导孩子走出网瘾也好，只有家长与孩子保持畅通无阻的沟通，孩子才会顺着你的正确指引，回归到一条正确的成长路线上。

对孩子来说，家庭和父母永远都是最好的学校和老师，家长一定要坚信这一点。父母爱孩子，孩子也爱父母和家人，家庭生活中这颗爱的种子，就会在孩子的心里生根发芽，爱的情感就会逐渐形成。有了这些，孩子就不会再到网络中寻求精神滋养了。

第 20 招

“别耽误我升级！”

——如何引导男孩远离网络游戏

男孩的困惑

这几天上课一直没精神，满脑子都是网络游戏，回到家第一件事情就是打开电脑或手机玩游戏。老妈说我满脑子就是游戏，根本没把中考放在眼里。虽然我也想努力学习，但我的心思总是被游戏勾过去，根本没办法集中精力，我该怎么办啊？

当今，越来越多的男孩子爱上网络游戏，甚至沉迷其中不可自拔。很多家长视网络游戏为洪水猛兽，唯恐自家孩子避之不及。

其实，网络游戏对于男孩们来说并不都是坏处，适度、健康、益智的游戏能够使男孩的身心健康发展和成长，而现如今流行的一些电脑游戏对于提高男孩的动手能力和反应能力及团队协作能力也很有益处。所以问题的关键不在于父母禁止儿子玩网络游戏，而在于如何引导男孩正确对待网络游戏。

方法一：引导男孩不沉迷游戏，父母要注意管教方法

有一位父亲的教子经验是这样的：

儿子是一个小学五年级的学生，在同班同学的介绍下，他开始玩起了电脑游戏,并渐渐不能控制而沉迷其中。为了让儿子远离游戏,我也去学习了一些游戏知识,所以当我有一天晚上和儿子一起玩游戏时,他十分惊讶,而且显然我的游戏技能比他要好,这更让他吃惊。后来,我就经常和儿子一起玩,渐渐地,我们成了无话不说的玩友。一段时间后,儿子叫我和他一起玩,我就故意告诉他晚上有工作,不完成是不能玩的。儿子一个人坐在电脑前玩着游戏,又看着我在一旁认真地工作,突然觉得挺没意思的。这时我瞅准时机建议儿子也去学习,等做完作业后两人一起玩。儿子同意了。那天晚上,我们一起玩电脑游戏时感觉到了前所未有的轻松和愉快。我告诉儿子,完成工作后的放松是最容易感受到愉悦和满足的。从那天开始,儿子总是认真完成作业后才和我一起玩游戏,有时他的作业多,或是我的工作没有做完,他就自觉地不玩游戏了。后来儿子学会了分配学习和娱乐的时间,也知道了哪些事情对他来说是重要的。

这位父亲的教子经验告诉我们,身为孩子父母,我们有必要学习一些电脑网络的知识,包括当前青少年最爱玩的网络游戏等。只有你自己了解了,才能去指导儿子。其次,父母最好和儿子一起玩,这样在拉近亲子关系的同时,也容易让儿子接受父母正确的建议,但前提是父母的自制力要强,千万不要孩子没教育好,自己反而成了网络游戏迷。最后,父母要注意管教男孩的方式方法,在引导玩游戏的儿子时,态度一定要认真、有耐心,要学会抓住机会,对儿子动之以情、晓之以理。

方法二:关爱男孩,引导他从虚幻的网络回到温暖的现实

有一个 15 岁的男孩在网上这样写道:

我从 10 岁就开始玩网络游戏,很多流行的网络游戏我都玩过,其中《劲舞团》我玩得最久,不是说这个游戏有多好玩,而是觉得里面的音乐很好听,反正无聊时就练练。可是玩游戏很花钱,游戏中的虚拟物品很贵，而且里面玩游戏的人说话也口无遮拦，甚至经常骂架……

从这个男孩的言语中可以看得出，其实像这类孩子的内心深处也是鄙视这些游戏的，但是现实可能让他感到痛苦，所以他宁愿选择网络。

很多父母都在感叹儿子为什么会这么迷恋网络游戏，其实仔细思索一番，造成孩子这种状况的原因，除了有些男孩自制力差之外，大部分男孩都是因为在现实中得不到父母关爱，或者不良情绪得不到宣泄，抑或学习压力过大等，这些都能导致他们躲在虚幻的电脑游戏里不能自拔。

因此，父母应该多注意和男孩沟通，多给他一些关注和爱护，让他觉得现实比网络更能让他感到自由、快乐，那么久而久之，他自然会远离网络游戏。

第 21 招

“我再玩一小会儿”

——如何把握男孩玩电脑的“度”

男孩的困惑

每天写完作业，我都会上网查查资料、看看电影，有时也玩会儿游戏。但是老妈总认为我面对电脑的时间太长了，所以很多时候正当我玩得尽兴的时候，她就督促我不要上网了。我已经完成作业了，难道多玩一会儿电脑都不行吗?

前一段时间，一位母亲在网络上发了这样一个求助帖：

我儿子京京今年 11 岁，非常喜欢上网，因为家人都很宠爱他，所以对他上网的事情也就没怎么管，即使他经常玩通宵，我们也就是说几句而已。前两年，我发现儿子面对电脑的时候，总是眯缝着眼，于是就带他去检查视力，结果 300 度，当时就给他配了一副眼镜。可没想到两年后，儿子的近视已经达到了 1000 度。这中间我一直劝说儿子要少看电脑，但他根本不听，我是真不知道怎么办了!

现实中很多父母也遇到过类似的问题，因为过度玩电脑的孩子很容易患上近视眼，甚至变得脸色苍白、身形消瘦，但是这些似乎都没能让男孩们从电脑桌前离开。当然，面对儿子因为玩电脑而影响身体健康的情况，父母自然会十分担忧，甚至各出奇招，希望能够让儿子少玩一会儿电脑。

例如有的父母会故意把家里的网线切断；有的父母干脆把电脑卖掉或者锁起来；有的父母随时关注儿子的一举一动，不让他有机会去网吧；有的父母用语言暴力，如批评、指责、谩骂等来阻止儿子玩电脑；有的父母气愤至极的时候，就狠揍儿子一顿……像以上这些处理方式对于引导儿子适度使用电脑的效果根本不大，而且很可能会起到相反的作用。要知道，青春期的男孩，你越是不让他做什么，他就偏要做什么，而且与父母的对抗情绪会比之前还要激烈。

因此，父母们要想把握青春期男孩玩电脑的“度”，最好尝试以下方法：

方法一：故意把电脑放在家中的公共场所

李修上个月央求爸妈给他买了一台电脑，他的理由是为了查找资料方便，也可以让自己迅速知道发生的国家大事。李修的父母虽然知道儿子要求买电脑不单单是为了学习，可能很大一部分原因是为了玩，但他们没有马上拒绝儿子的提议，而是跟儿子做了一个约定，那就是买来的电脑必须放在客厅里，周末也不能搬到自己的房间。李修爽快地答应了父母的这个要求。电脑买回来的前几天，李修很兴奋，一放学回家就赶紧打开电脑，可是渐渐地，李修的妈妈发现，儿子对电脑的热情渐渐降下去了。因为有时候爸爸在客厅看电视，李修也会跟着看，妈妈就建议他先关了电脑，结果看完电视，吃过晚饭，李修也没有了再看电脑的心情，看会儿书就睡了。

现在，很多家庭都忽视了这样一个问题：电脑应该放在哪里？有很多父母可能因为家里的地方不大，就把电脑放在了儿子的房间，或者本来就是给儿子买的电脑，放在他的房间理所当然。但是，把电脑放在男孩的房间很容易造成他关上门整夜上网等一发不可收拾的局面。因此，我们应该尽量把电脑放在家中的公共场所，像客厅。但如果家里的客厅空间很小，那么电脑宁可放在父母的房间，也绝不要放在男孩的房间。

方法二：给男孩制定一些上网规则

有一位母亲是这样做的：

为了正确引导12岁的儿子有节制地上网，我在经过他的同意和合作下，制定了下列“网规”：1. 每天上网不得超过两小时；2. 不准浏览黄色网页、不得删除邮件记录；3. 别人推荐的网站必须经过爸妈批准才能进入；4. 在网上不可暴露自己的真实身份和家庭地址；5. 文明上网，不得损害公共利益，要对自己的行为和言论负责；6. 父母也必须遵循以上规则，特殊情况可调整。

自从我和儿子签订了这份上网协议书之后，我发现儿子遵循得很好，而且也没有出现过违反规则的事情。

这位母亲的教育经验很值得其他父母尝试一下，要知道和儿子签订上网协议，相当于孩子和父母之间达成了某种承诺，这本身对男孩就具有很大的约束力。所以，在给儿子买电脑之前应先拟订一份上网协议书，以此来规范和限制儿子上网。

第 22 招

“伊莎贝尔，我们见面吧！”

——儿子要见网友，该不该管

男孩的困惑 

前几天我在网络上认识了几个好哥们，虽然我们都没有见过面，但是彼此谈话很投机。最后大家决定周末的时候一起约出去打球、吃饭。没想到这件事情被老妈知道之后，她竟然严厉要求我不准去见这些人，说万一是坏人怎么办。世界上哪有这么多坏人，为什么爸妈不相信网络上也有真实的友谊和爱情呢？

曾经有一项专门针对如何教育未成年人的问题展开的调查。调查结果显示，对孩子单独外出表示“很放心”的父母只占 8 %；回答“比较放心”的父母有 20%；而回答“不怎么放心”和“完全不放心”的父母则分别占到了 52%和 20%，其中 55% 的父母不允许孩子见网友。

为什么父母们不准许自己的孩子见网友呢？参加调查的父母们给出的主要理由是怕孩子结交不好的朋友，或者担心孩子受到人身伤害，或者怕孩子越来越贪玩，或者怕孩子发生网恋等。其实，父母的这些担忧不无道理，因为现实中确实有很多孩子因为见网友而上当受骗，还有些孩子把网友发展成了恋人，影响了学习。

有一位父亲就遭遇了这样的事情：

有一次，我到上高一的儿子屋里看他是不是在写作业，没想到这孩子正和朋友网上聊天，而且看头像照片还是个女生，于是我问儿子是不是网恋了，儿子说不是，只是一个很谈得来的朋友。但是我感到十分生气，因为我当初给他买电脑就是希望他好好学习，没想到他竟然整天和女生聊天。所以，一气之下，我就把网线给拔了，感到委屈的儿子就和我吵了起来。我本以为这件事情就到此为止，接下来儿子会安安心心地学习，谁知道他背着我又在网上和那个女生聊天，我偷看了他的聊天记录，两个人聊得很亲密。于是，我把电脑没收了。可我没想到这孩子为了反抗我,竟然放学后就去了网吧，而且还和那个女生见面。现在儿子学习成绩急速下滑，我真担心他就这样毁了。

青春期的男孩本来逆反心理就很强，并且很可能会使用极端的方式来表达自己的不满。就像上例中的男孩一样，父亲越是禁止他和网友聊天、见面，他就越是和父亲对着干，结果父子两人的关系越闹越僵，存在的问题也没有得到合理解决。

其实，面对儿子交网友的问题，父母不用草木皆兵，因为网友也是人，也分好人和坏人，而且对方能和自己的孩子相谈甚欢，说明他们之间有种共鸣。我们要做的不是一味禁止儿子交网友，而是要教会儿子分辨和识别网络上的好人与坏人，然后引导他从网上虚幻交友变为结交现实中知道对方底细的朋友。同时父母也要多和儿子沟通，这样才能更多了解儿子的内心世界和现实状况。

下面就给父母们提供一些处理青春期儿子交网友问题的方法：

方法一：运用“正确引导，堵不如疏”的方法，同时给予儿子适度信任

有一位母亲的教子经验是这样的：

一天，12 岁的儿子突然说要去见网友，当时我一听就急了，他连对方什么底细都不清楚，就这样冒冒失失地去见对方，万一对方是骗子怎么办。所以我当即就决定禁止儿子见网友。儿子似乎早就知道我的决定似的，撇撇嘴说：“见不见网友是我的自由，我只是告诉你一声，对方不是坏人，而且他家离咱们家没有多远。”看着儿子坚定的眼神，我知道这时候严厉禁止他只会起到相反效果，于是我恢复理智后，对儿子说：“刚才妈妈太激动了，毕竟你还这么小，我当然很担心你的交友问题，更何况还是网友，现在社会上骗子骗人的招数五花八门，七八十岁的老头子还说自己未成年呢。我可以让你见这位网友，但你要告诉我为什么要见他，你现实中不也有很多朋友吗？”儿子想了一下说：“他和我一样喜欢打网球，我们有共同的爱好，而且我们决定每个周末都一起去打网球，这周就是先见见面，在现实中熟悉一下。”知道了这个理由后，我准许儿子去见网友了，但当天我也偷偷跟着去了，没让孩子发现。我发现对方的妈妈也跟着自己的儿子。儿子回家后说：“妈，还是你好，我网友他妈妈还跟着，生怕我是坏人。”听到儿子这句话我心里有些小得意，但我决定下一步要学习打网球，这样儿子和我也会有共同兴趣了。

这真是一位聪明的母亲，她既表现出了对儿子的信任，同时又在暗处保护着儿子的安全，这样的关爱让男孩在感到被尊重、被信任的同时，也会对父母产生感激之情。最重要的是这位母亲了解了儿子去见网友的目的，清楚了儿子内心的需求，这样她就可以很好地想出对策，拉近自己和儿子的关系，这样慢慢地母亲就代替了虚幻的网络交流，可谓一举多得。

所以，父母们在面对儿子见网友的事情上，一定要运用“正确引导，堵不如疏”的方法，多给儿子一些信任和理解；同时更要了解清楚儿子内心真实的心理需求，这样才能让儿子安全、自由、快乐地交友和生活。

方法二：教会男孩一些自我保护的方法

上高一的夏海要见网友，这引起了夏海妈妈的惊慌。妈妈见阻拦不了，就要求夏海每 10 分钟和家里联系一次，并且给儿子背包里放了很多防范坏人的武器，甚至给儿子带了两部手机，数字键 1 都是报警电话。虽然夏海很讨厌背着全是“武器”的背包，但为了不让妈妈担心，他还是很无奈地背着去见网友了，同时他也遵从妈妈的建议，让自己的好朋友和自己一起去。

儿子在网络上结交的朋友，我们不能简单地说对方就是好人或坏人，因为不了解，所以存在着未知的危险，因此父母在知道儿子交网友时，一定要先教会他一些自我保护的方法，这样即使遭遇坏人，他也能保护自己或者把危险性降到最低。例如让儿子谨记报警电话，见网友的时候要选择人多的地方，可让朋友或者父母陪同去见网友，学习一些自我急救知识，等等。

第23招

“我也想下载成人片”

——怎样让孩子摆脱“黄色诱惑”

男孩的困惑

前天晚上，我正偷偷浏览色情网站时，被推门进来的妈妈看到了。她很气恼，一边骂我不学好，一边把我网线拔了。我就是不明白，看这个怎么就成了坏人了？

现如今，黄色文化充斥着网络世界。而且由于网络世界的隐匿性，在网络上可以随意点击、观看黄色网站或色情影片，而不必为自己的言行承担社会责任，这进一步促使青春期男孩忽视了现实社会中的行为规范。再加上网络的开放性、自由性，以及青春期男孩在社会认知方面的幼稚及任性，都使他们极易受网络色情、暴力等不良思想的污染。其中，色情信息一直被称为“网络毒瘤”，严重危害着网络的健康发展，伤害着未成年人的身心健康，更是引起诱发性犯罪的重要因素。因此，作为未成年人的保护者，我们必须帮助和引导男孩摆脱“黄色诱惑”。

下面就给父母们提供一些这方面的引导方法：

方法一：引导青春期男孩戒掉色情作品

孔杰晚上应酬完回家，发现 16 岁的儿子还在房间里上网，于是就走进儿子的房间，可儿子突然慌慌张张地想要关电脑。一看电脑屏幕，孔杰不禁倒吸一口冷气，儿子正在看一部成人电影。孔杰夺过儿子手中的鼠标，粗粗浏览了一下这个网站，上面竟然还有很多不适合未成年人观看的电影，而且那些电影海报都非常露骨。又气又急的孔杰伸手就给了儿子一巴掌。16 岁的儿子也很尴尬，虽然挨了打，但还是跟爸爸解释，说当时自己在网上找动漫看，但由于一时好奇就打开了色情网站，并且找了几部色情电影看。孔杰稍稍冷静了一下后，先向儿子道歉，再向儿子讲明道理："学习正常的性知识是对的，但这些电影千万不能看。一定要戒掉这个坏毛病！"

色情作品不但有大量的男女裸露镜头，而且充斥着淫秽语言，这对于青春期的男孩来说就像荼毒身心的精神鸦片，让他们沉迷而难以自拔，危害非常大。因此，我们必须引导他们戒掉"色情作品"。

例如和男孩签订上网协议，只准他浏览固定的几个绿色网站；父母给儿子及时讲解一些青春期性知识，让他对性的好奇心降低；安装一款绿色杀毒软件，将色情信息隔离出去；鼓励儿子多参加体育运动、听音乐、阅读健康的书籍等，以此来转移男孩的注意力。

方法二：加强对男孩的思想道德教育，引导其健康上网

有一位母亲得知 17 岁的儿子因强奸罪而入狱，悔恨地说道：

儿子变成今天这样，都是我们的错啊！当初他背着我们看黄片、浏览色情网站，我们知道后也没怎么教育他，没有告诉他什么是对、什么是错，结果他一步步地深陷其中。我一直以为小孩子的好奇心满足之后就会变正常，毕竟我儿子是一个懂事、热心、学习优秀的好孩子，可没想到他竟然去强暴女同学，犯下这样的错事。我真是悔不当初！

网络对于青春期男孩来说具有正反两方面的作用，我们不能因噎废食，因为网络存有潜在的危害性就去粗暴地切断男孩与互联网的联系，毕竟大多数男孩是因为自控能力差而被黄色文化污染的。

所以，我们应该以开放的态度迎接网络，然后努力提高男孩的自控能力，要在男孩接受网络科技知识的同时，强化他的道德意识，加强对他的道德教育，以免他在网络世界中迷失方向。

第 24 招

“网络让我收获很多”

——如何引导孩子正确上网

男孩的困惑

爸妈太过分了，竟然在刚买的电脑上设置了密码，还不让我知道。说是为了我好，不想让我被网络“带坏”。哼，他们这样是对我好吗？再说我可不认为上网是不好的，网络上有很多我很想知道的信息，难道他们不知道做个现代人不能不会上网吗？

很多父母不理解为什么十几岁的儿子这么痴迷网络，那么就让我们来听听男孩们是怎么说的：

“我喜欢在网上浏览新闻，不但新闻量大、内容丰富，而且有很多的新闻评论可以看，我觉得很长知识。”

“网络游戏让我可以体验当老大的感觉，只需要动动鼠标我就能统领千军万马，在战场上奋力厮杀。”

“网络给我自由，我可以随心所欲地做我想做的事情，而且还可以交很多朋友，很有意思。”

…………

网络的横空出世的确给青春期的男孩们打开了一个丰富多彩的神奇世界，同时也给男孩们的学习、生活带来了很大便利。

通常来说，网络对男孩们主要具有这样的益处：首先网络可以开阔男孩的视野，让他了解外界很多事情，同时也让男孩吸取更丰富的知识；其次，网络可以满足男孩对外交流的心理需求，让他可以向别人敞开心扉说出自己的喜怒哀乐；最后，网络可以帮助男孩促进学业进步，让他更快速地弥补自己缺乏的知识。

当然，网络在带给男孩益处的同时，也潜藏着很多的危害，例如过度的上网会影响男孩的学习成绩，长时间的面对电脑也会伤害男孩的身体，过度沉溺网络游戏或聊天会严重影响男孩的学习生活，等等。

所以，作为父母，我们应该正确引导男孩上网，让网络对孩子的益处发挥到最大化，而将危害降到最低。

方法一：帮助男孩选择绿色健康网站

有一位母亲的教育经验是这样的：

我儿子今年刚上小学五年级，但经常沉迷网络，无论我怎么劝说甚至打骂，也不能阻止他对网络的痴迷。他每次考试都是全班倒数，由于附近的网吧禁止未成年人进入，他竟然逃课回家上网，老师已经不止一次地给我打电话对我儿子的行为表示担忧。其实，儿子偶尔上网我倒没什么意见，但是他不分时间地上网，影响到了学习，更何况网络上还有很多不良信息，我真怕他学坏。但是我又找不到什么合适的方法阻止儿子上网，因为他软硬不吃。就在我打算放弃的时候，无意中在网上看到了一款上网控制软件，我本来也就是本着“死马当活马医”的态度，没想到这样一次偶然的尝试，竟然改变了儿子的生活，让他彻底摆脱了网络的阴暗面。我又抽出一些时间和儿子进行沟通、交流，慢慢地儿子又变得活泼、开朗起来，学习的积极性也提高了不少。

这位母亲所选用的上网控制软件，主要具有这样的功能：可以过滤不良网站，帮助男孩净化网络环境；对于爱玩游戏的男孩，这款软件采用游戏的多样化管理，既让男孩的游戏时间得到控制，更能设置游戏禁止开放，避免了男孩玩游戏成瘾；它还可以保证男孩在没有父母的陪同下依然规律上网；这款软件还具有定时提醒功能，可以帮助男孩保护他们的视力。

因此，担心儿子沉迷网络、网络侵害儿子身心健康的父母们，可以为儿子的电脑安装一款控制软件。这种软件不但可以帮助男孩选择绿色健康信息，而且有助于男孩在享受网络冲浪的同时获得更多的知识。

方法二：引导男孩目的明确地上网

父母可对自己儿子的上网活动做出规划，如学习、游戏、娱乐等；也可以给儿子布置一些任务，例如下载歌曲、资料、图片等。同时，父母还要对儿子进行正面引导，让他远离网站不良诱惑，使之形成健康的审美观念，不上色情网站，不沉迷暴力、血腥游戏，能够学会理智处理上网娱乐与上网学习的关系。

有一位父亲就做得很好：

现在是网络时代，上网对于青春期的孩子来说是必修课，我自然也不会让儿子落下这一课。但是，网络毕竟是虚幻的，而且有很多我们家长也控制不住的事情发生，比如色情信息、网络游戏等。因此，每次儿子在家上网的时候，我都会事先让他列好一个表，上边写了他上网要完成的任务，例如下载英文歌曲、帮妈妈搜集明天要用的图片、搜索观看即时新闻等等。渐渐地，我发现儿子已经在我的影响下形成了上网前分配时间和任务的好习惯，而且他也从不去接触那些黄赌毒的网络信息，我相信他已经越来越有自己的是非判断力了。

所以，父母应该多引导男孩带着明确目的去上网，做到有的放矢，这样才能在较好地利用网络丰富资源的同时，巧妙地避免网络上的不良诱惑。

第四章

学习一定有方法

怎么做，才能让男孩拿高分

男孩往往更喜欢富有挑战性和趣味性的事物，所以他们大多对枯燥的学习并不感兴趣。青春期原本就是男孩完成学习任务的最重要阶段，也是他们为将来打好知识基础、改变自己人生的最重要时期。因此，教会他们掌握正确的学习方法就显得十分重要。

父母首要的任务是设法激发孩子的学习动机。动机来源于需要。在学习的过程中，孩子会有三种需要，包括兴趣、成就感及被赞赏。当孩子获得满足需求后，就会对学习产生好感，然后逐渐爱上学习。面对不爱学习的孩子，最忌操之过急，诸如责打孩子等，以免弄巧成拙，增加孩子对学习的厌恶感。

第 25 招

“学习原来这么好玩！”

——怎样培养男孩的学习兴趣

男孩的困惑

上了高中之后，不但要面对巨大的高考压力，还要整天做习题，而且两天一小考三天一大考，这些都让我对学习失去了兴趣，学习现在对我就是一种折磨。别人都说数学多么好玩、英语多有意思，我为什么一点儿都感觉不出来呢？

青春期的男孩似乎有永远也消耗不完的精力，动来动去，总是安静不下来，就是在家写作业，也经常让父母头痛不已。反复说教，他也只是安静一会儿就又忍不住旧态复萌。对于青春期男孩，这是不是一种正常现象呢？当然不是。男孩在学习中的不专心，归根结底，是他对学习没有兴趣，感觉学习就是一种负担，所以就会寻找一切机会玩儿，那才是他的乐趣所在。而当他去玩时，兴致盎然，思维活跃，精力高度集中。在男孩的世界中，对于他所感兴趣的事物，他会调动一切的热情来享受这些事物带给自己的快乐。因此，如果在学习中他也有这样一种兴趣，他一样会很专注，很有热情。

爱因斯坦说过："对一切人来说，只有兴趣才是最好的老师。"世界上很多的科学家、文学家等取得巨大成功的人，都是从自己的兴趣开始的。有了兴趣，才能点燃人们的热情。

有一位母亲的教育经验是这样的：

上初二的儿子最近所有的心思都放在上网上，根本没兴趣学习。所以为了培养儿子的学习兴趣，我就从他最喜欢的网络着手，例如我会让儿子参加一些英语的语音聊天室，这样他在学习外语知识的同时也锻炼了自己的听力。平时我也鼓励儿子在网络上找一些有趣的数学题做一做，或者阅读一些好文章。为了预防儿子产生网瘾，我和他协商后，规定了上网时间。这样实行一段时间后，我发现儿子对学习的兴趣大大提高了。

对于大多数青春期男孩来讲，学习可是件苦差事，是一件与乐趣完全不搭边的事。许多男孩宁可挨父母骂、干体力活也不愿多坐板凳一分钟去学习。其实，父母也不能完全责怪男孩有不爱学习的毛病，因为男孩的某些天性还真与学习所需要的状态有些背离。例如，学习时需要注意力集中，而男孩的注意力特别容易受周围事情的影响或吸引；学习时需要耐心，而男孩天性好动又耐不住性子，很容易失去耐心；学习是一件烦琐的工作，而男孩天生是一种怕麻烦的动物……因此，父母应该找对方法来提高男孩的学习兴趣。

方法一：引导男孩采取科学的学习方法

下面我们看一下这位爸爸是怎样培养儿子的：

邓先生的英语不好，在工作中没少因它受阻挨累。但是这也不能怪他，在当时那个年代，大家都是到了初中才开始接触英语，根本没有学习语言的那种感觉和敏锐度。因此，邓先生决定提前开始对儿子的外语教育。

在儿子咿呀学语的时候，邓先生就开始给儿子放英文歌，并陆续教儿子一些简单的单词。当儿子上小学的时候，邓先生总是提前教儿子预习老师所要讲的内容，并告诉儿子做好复习。生活中，邓先生还尝试与儿子用简单的英语交流，让儿子不再害怕张嘴说英语。现在，上初中的儿子英语成绩非常优秀，而且英语会话能力已经超越了邓先生。

之前我们已经介绍了男孩在学习方面的确存在的弱项，那么父母不妨及早做好预防工作，恰当地弥补男孩学习上的弱项，引导强项，让他轻松应对学习。只有采取科学的方法引导男孩学习，才能让他不再惧怕并喜欢上学习。

方法二：培养青春期男孩的竞争意识

男孩子爱争强好胜，如果这个特点能用在学习上，那么父母就省心多了。父母可以充分利用孩子这一点，激发他的兴趣，让他爱上学习。男孩一旦具备强烈的竞争意识，就几乎不用家长督促，也能自觉地学习，并且乐于在学习中探索。

晚饭时，上高一的南瑞向爸爸、妈妈提出了一个要求："爸爸、妈妈，我想好了，我要去上奥数班。"爸爸说："把你的理由说来听听。"南瑞说："我们班的戴飞也报了奥数班，我也想报。当然，不仅仅是怕落后戴飞，还有以下理由：第一，我喜欢数学，更愿意去学奥数；第二，戴飞的数学成绩还不如我，他都能拿到奥数的高成绩，我想我也可以。"

当然，十几岁的男孩不管去学什么，都不是最重要的，重要的是他被竞争意识所激发，有兴趣地去学，这样，他才能爱上学习，取得更大进步。

第 26 招

“我得了健忘症吗”

——如何提高男孩的记忆力

男孩的困惑 

明明是刚做过的事情，可是转身就忘了。我才 17 岁，怎么记忆力像 77 岁的老大爷，难道未老先衰？记忆力差还特别影响我的学习，背了好几遍的课文就是记不住，英语单词就像天书一样，一到用的时候，大脑就是空白。我该怎么做才能提高自己的记忆力呢？

美国一项研究数据表明：人类大脑能够存储的知识相当于一个美国国会图书馆藏书的 50 倍，也就是大约一千万册图书的 50 倍。面对这惊人的数字，我们不禁感叹人脑的记忆潜能。

人类记忆力的高低常常与其理解力有着很大的关系，所以父母着重培养男孩记忆力的同时，也不要忽视对男孩理解能力的培养。记忆力和理解力对孩子的学习成效都会有很大的影响。

小旭今年 15 岁，是个刻苦学习的好孩子，老师布置的作业总会认真地去完成，但是他的学习成绩却总是上不去，于是就经常向父母抱怨把自己生得太笨了。其实，小旭一点也不笨，只是理解能力差，学习时只知道死记硬背。例如在做数学题时，他虽然把公式记得非常清楚，但是一遇到需要变换公式的题目，就不知所措了。这让他开始怀疑自己的能力，慢慢地产生了自卑心理，学习成绩更退步了。父母对此也非常忧心。

学习，单靠死记硬背是不会取得好成绩的，必须要有好的理解力做保障。培养和提高青春期男孩记忆和理解能力并非一朝一夕的事情，还需要父母平时耐心地教导。

方法一：教育青春期男孩掌握记忆的规律

下面是一位母亲的育儿经验：

我儿子今年 15 岁了，上初三，成绩还算可以。我对他成绩方面的要求不是很高，可是，最近我却发现儿子的记忆力很不好，明明前两天才背下来的古诗，你今天再问他，他就记不清了。

后来我改变了对儿子原有的教育方式，不再让他每天晚上都背一首古诗了，而是让他隔一天背一首，中间空出来的一天用来温习上一天背下来的古诗。这样一来，儿子每背一首都有时间温习一遍，就不容易忘记了。

专门研究记忆的心理学家艾宾浩斯做过一个著名的实验：熟记 13 个无意义的音节后，仅过一个小时，就遗忘了 7 个；两天后，又遗忘了 1 个；六天后，虽然遗忘还在进行，但是速度更慢了。可见，当记忆过程一结束，遗忘就开始了。遗忘的速度是先快后慢——记忆刚结束，在短时间内就会遗忘很多，越往后则遗忘越少。

正是因为已经记住的东西在遗忘的时候有先快后慢的特点，所以父母要教育男孩掌握记忆的规律，针对遗忘的特点来进行学习。一般来说，刚学过的东西要多复习，以后的次数可以逐渐减少，间隔时间可以逐渐延长。

方法二：教男孩掌握一些正确的记忆方法

父母应该有意识地教育男孩掌握一些正确有效的记忆方法。比如以下几种：

归类记忆法：把许多同类的事物归为一类；归类过程其实是一个理解的过程，本身就已经具有记忆的功能，男孩在边归类边理解的过程中，就已经在记忆了。

协同记忆法：在记忆某种东西时，让男孩边读、边写、边听，让多种感官都参与到其中来，这样有利于增强记忆效果。现代科学研究表明，人由视觉获得的知识，能够记住25%；由听觉获得的知识，能够记住15%；若把视觉与听觉结合起来，能够记住65%。

联想记忆法：在记忆时，发挥想象，根据材料的特点，形成记忆的组织。比如接近联想，即把时间、空间、状态、特点等比较接近的事物联系在一起进行记忆；对比联想，即把具有相反特点的事物联系在一起记忆。

歌诀记忆法：可以让男孩把需要记忆的材料采用谐音、诗歌比兴的手法，制作成歌谣或口诀等形式来加强记忆。

方法三：反复练习是记忆的关键

上初一的丁丁每天放学回来，妈妈都会和他聊上一会儿，听他叙述一遍当天的学习生活情况：上了什么课，发生了什么事，新学了什么课文、数学公式等等。妈妈听得兴趣盎然，还不时地问上几句，丁丁讲得更带劲了。原来聪明的丁丁妈妈是在与儿子平常的交流中，有意识地帮助他巩固当天学习的重点内容。

有的男孩对所学的东西当时理解了，也能够记住，但时间久了，还是会忘记。所以很多时候，他的记忆需要反复强化。比如有一些问题，这次理解并记住了，父母下次提问时可以换个角度，这样他一方面懂得了从不同角度思考问题，同时又对这个问题有了更深刻的印象。就像学生在学校里考试，也是一种记忆的练习，从不同的角度强化了记忆。当然大多数男孩并不是记忆大王,他不会过目不忘。所以，更需要父母来帮助他多练习，让他熟记学过的知识。

第 27 招

“我收获了许多知识”

——如何引导男孩阅读，扩大知识面

男孩的困惑 

昨天放学后我买了一本体育画报回家，老妈一看我手里的杂志，就不高兴地批评我瞎买东西，说我不务正业，应该买那些有益于我学习的课外书籍。可是面对繁多的跟学习有关的课外书籍，我怎么就提不起兴趣呢？

俗话说：“读万卷书，行万里路。”书是知识的海洋，只有通过博览群书才能通晓古今、修身养性，立足于社会。处于青春期的男孩，一般会更喜欢武侠、军事、科技、玄幻故事这类的书，即冒险类、英雄类的书籍。

教育专家发现，男孩子如果遇到自己感兴趣的图书，就会全身心地投入到阅读中去，这种投入度要明显大于女孩。所以，父母不妨从小培养男孩的读书兴趣，让阅读成为他快乐生活的一部分。然而在许多的家庭教育中，我们发现父母只注重男孩的考试成绩如何，课余时间就让他去参加各种补习班、去做大量的习题册，却忽视了男孩成长中对阅读的需要，甚至会限制男孩看“闲书”。出现这种现象，是因为这些父母没有意识到读书对一个男孩的影响有多重要。

美国一位儿童心理学博士曾经做过一个长达五年的追踪调查实验。其过程大概是这样的，首先对加利福尼亚州的一所小学的5103名一年级新生进行调查，发现其中有49人在入学之前已在家中阅读过大量书籍。然后博士将这些孩子设为样本，记录他们每天的生活和学习情况。在这五年中，博士发现这49个孩子与其他孩子相比仍保持着较好的课外阅读习惯，学习成绩大都处于领先，而且也更容易获得老师和同学们的喜爱。

苏联作家苏霍姆林斯基曾说过这样一句话：“30年的教育经验使我深信，孩子的智力发展取决于良好的阅读习惯。”所以，父母们不要忽略课外阅读对青春期男孩的重要性。

方法一：让男孩体会读书的乐趣

一天，14岁的豪豪读完一本介绍树木的书，高兴地跑去考爸爸：“你知道世界上年纪最大的树有多少岁吗？”爸爸一番苦思冥想，面露难色地回答道：“我知道咱们老家那儿有一棵300岁的老树，不知道它年龄够不够大。”听了爸爸的话，豪豪得意地说：“老爸，你错了。还是我来告诉你吧！世界上最老的树是一棵7800多岁的树。它原本在美国的加州，不过十多年前枯死了。”这时，爸爸投以惊奇又羡慕的眼神，令豪豪高兴坏了。

当你的男孩读完一本书时，无论这本书内容有多么简单，作为父母都要给予表扬，例如对他说：“你真了不起，竟然又读完了一本书！”这样会让小男孩产生一种成就感。另外，父母有时也可以要一点“手段”，例如装作被儿子的才学考住，以此来满足他的虚荣心。只有不断地让男孩体会到读书的乐趣，他才会慢慢地爱上阅读。

方法二：根据男孩的爱好选择适合的书

上初二的袁坤喜欢自然科学方面的书籍，尤其是对机器人、UFO方面的内容特别感兴趣。如果是他买书，大部分是买这方面的。妈妈很想让他的阅读面更广一些，于是，就给他买了《上下五千年》《十万个为什么》等好几本大部头的书，并苦口婆心地劝他有空看看这些有用的书。可袁坤只是翻了翻，就放在了书橱里再也没有动过。无论妈妈怎么说，他都提不起兴趣，依然抱着他自己买的书，看得津津有味，妈妈在旁边干着急也没办法。

青春期男孩有自己的独立思想和个性。同样，对读书，他也有自己的爱好和选择。他们有的喜欢读童话，有的就热衷于科普读物。而父母引导男孩阅读，也要顺应他们的喜好，在此基础上，予以指导，而不要想当然地认为他读的书没用，就禁止他读；或者认为一些书对他有好处，就强行让他阅读。被动的、强制的、没有快乐的阅读，只会让男孩产生逆反心理，进而丧失阅读兴趣。

第28招

“学习有秘诀吗”

——协助男孩制订学习计划

男孩的困惑 

每当看到别的同学学习进步时，我都在想他们是怎么让自己提高成绩的。因为我发现他们也没有像我似的整天埋头学习，相反，他们学得很轻松。后来，我问了班里学习最好的那个同学他的学习秘诀是什么，他说是给自己制订了学习计划。可是这个学习计划究竟该怎么制订呢？

通常，人们在做每件事之前都要有周详的计划才能取得成功，否则做起事来就会毫无章法、一塌糊涂，这个道理同样适用于男孩的学习。对于青春期的男孩来说，学习计划能为他的学习指明方向，做到时时、事事、处处有的放矢，学习效率自然就会大幅度提高。然而，现在的很多青春期男孩都是在毫无计划地学习。以下是一位男孩妈妈的烦恼：

我的儿子很听话，各方面表现都不错，就是学习没计划，我说什么他做什么，盲目听从。有时我照顾不到的地方，儿子就无所适从，不知道怎么学了。因为这个原因，儿子的学习成绩逐步下降，小学时还能排在前几名，现在念初中二年级的他已经是班级中等生了。其实我对儿子的学习还是十分用心的，从小学开始，儿子做完作业都必须拿给我检查一遍，做错的题我都会给他登记在错题本上，让他日后复习，这个习惯一直保持到现在。不过，让我颇为头疼的是只要我一放手，儿子的成绩就下滑。

很多父母都抱怨自己的儿子是一个“踢一脚，走一步”的孩子。男孩的自控能力差，没有很好的约束能力，经常是在父母的监督下才能付诸实际行动去努力学习，所以成绩也不稳定。这时，学习计划对他而言就更为重要了。

男孩的好胜心强，一旦他有了学习计划，便有了明确的目标和方向，这能提高他学习的主动性。再者，男孩的虚荣心强，当他按照预先制订的学习计划完成学习任务时，会产生强烈的成就感，而这种成就感能成为一种自我激励的方式，使他对学习自发地产生浓厚的兴趣。

再者，我们还要建议父母帮助男孩制订短期的学习计划。因为长期的学习计划缺乏一定的灵活性，对于缺乏耐性的男孩来说是很难坚持下去的；而且学习本是一个具有阶段性的动态过程，长期的学习计划可能在中途会出现偏离实际的情况，影响到整个学习计划的实施和效果。所以相比而言，短期的计划更适合男孩。

方法一：引导男孩制订计划要从实际出发，并留有余地

生活中，有些父母对男孩期望过高，计划设计得非常完美，可孩子执行起来却举步维艰。这就是因为父母目标定得太高，计划定得太死，脱离实际的缘故。

图图妈妈是一名数学老师，平时自己做事就很有计划，所以从图图上学起，她就为儿子制订了学习计划。对于儿子，她规定每天除了老师布置的作业还要再背十个单词，写两页生字，做三十道计算题……刚开始，图图还能按时按量完成，可是上初中后，他便产生了厌学的情绪，不再按计划执行。慢慢地，妈妈的计划成了摆设。

父母在帮助十几岁的男孩制订短期学习计划时，一定要从实际出发，符合男孩现阶段的学习水平和能力。另外，计划还要有一定的机动性。很多父母把计划制订得太紧、太满、太死，没有给男孩留出机动时间，使计划难以达到预期效果。大多数情况下，现实不能完美地跟着计划走，只有留有一定的余地才能增加男孩们完成计划的可能性。

方法二：多遵循制订学习计划的四个步骤

如何能给青春期男孩制订出适合他学习发展的计划呢？又如何能让他们很好地实施计划呢？父母不妨从以下四步入手：

第一步，先给男孩讲一讲制订学习计划的好处、注意事项，具体又该怎样制订。

第二步，让男孩自己制订一个学习计划，然后由父母进行修改、完善。

第三步，监督男孩实施学习计划。

第四步，不断让男孩制订各种各样的短期学习计划。

在这个反复过程中，父母会发现男孩制订学习计划越来越周详，而且执行学习计划的能力也越来越强。

第29招

“为什么我学习没效率”

——如何让男孩拥有管理时间的能力

男孩的困惑 

有一点我就是想不通，明明我每天也很努力地听课、复习，可是我的学习成绩怎么还是止步不前？而且我发现班里有几个男生，平时比我玩的时间还多，学习成绩就是比我好，难道他们真的比我天资聪颖？还是说我学习效率低有其他的原因？

随着生活节奏的加快，父母们觉得时间越来越不够用了，不但要忙于自己繁重的工作，每天还要花费很多精力和时间照顾孩子，而家里的小皇帝做起事来却不紧不慢、优哉游哉。对此，家长们伤透了脑筋，却又束手无策。

例如现实生活中，很多家庭早上时常会上演这样的一幕：

很早你就开始叫儿子起床，不知喊了多少次，他才肯从被窝里爬出来；你叫儿子赶紧去刷牙，他会磨磨蹭蹭地说等一会儿；你叫儿子快点吃饭，他随便扒几口就说吃完了；你说上学快迟到了，他还拖拖拉拉地出不了门……

其实，青春期男孩不能很好地掌控生活、缺乏时间观念、做事磨蹭等也是有一定原因的。首先，男孩不像成人那样具有时间紧迫感，对时间概念本身就很模糊的男孩很难掌控好时间，而且他们通常不认为自己慢有什么不好，也不知道早早把一件事做好会有什么好处；其次，如果男孩对所做的事情没有信心或是不感兴趣，也会影响他们做事的效率；再次，男孩的注意力很容易受周围环境的影响，旁边要是有什么好玩的事情就会忘记自己的初衷。

因此，父母应该根据儿子的实际情况来提高他的时间管理能力。

方法一：合理安排生活，教男孩做计划

有很多青春期男孩做事混乱，没有效率，很大程度上是因为他不懂得合理安排生活，不会做计划。对于这种情况，父母要有意识地教男孩做计划。例如：父母可以教男孩利用统筹方法设定做每件事的时间、先后顺序等。

在教导男孩提高效率的同时，父母也要告诉他，“快”不等于马虎，不等于可以敷衍了事，而是要把事情做得又快又好，这才是做事讲究效率的意义。

刘强上高中了，课程比以前增加了好多，他感觉自己每天都有些忙不过来。面对语、数、外、政、史、地、理、化、生九大科目，刘强想平均分配自己每天的学习时间，却总发现时间不够用。妈妈提醒他，可以做一个学习任务计划表。

刘强开始做学习计划，又根据课程表将这九门功课的业余学习时间分配好，经过几个星期的调整，就能很好地安排每天的学习任务了。

学习事务越繁杂、问题越多，时间管理能力的作用越显著。教男孩学会制作学习计划表，就能提升他管理时间的能力。

方法二：让男孩尝到磨蹭的后果

一天早上，13 岁的仲彦依旧慢吞吞地起床、穿衣、洗漱。妈妈没有像往常那样催促他，而任由他不慌不忙地整理书包、吃饭。仲彦还“忙里偷闲”地看一会儿漫画书……结果上学迟到被老师批评，并罚他放学后打扫班级卫生。

妈妈对他说：“平时你没有迟到，是有爸爸妈妈在你身边催促你。现在长大了，要学会安排自己的时间，加快做事的节奏，不能依赖父母。如果你磨蹭的习惯改不了，不仅会受到老师的批评，将来可能造成更严重的后果。”从这以后，无论做什么事，妈妈都不会催促仲彦，果然效果好多了。

正如我们前面所讲，孩子做事拖拉、没有效率，往往是因为他不知道“慢”的后果是什么。父母不妨让男孩多尝几次磨蹭的苦果，慢慢地他就会加快自己做事的速度了。

第五章

受欢迎的男孩最优秀

教给男孩必须掌握的交往之道

卡耐基曾说过，一个成功者，专业知识所起的作用是15%，而交际能力却占85%。也就是说，人际关系的和谐、交往本领的高强，是社会判断成功者的重要标准。现实生活中，很多男孩的表现却让人担心：以自我为中心、攻击性强、不合群、女性化倾向严重……因此，他们常常表现出不愿见陌生人、不敢与陌生人说话、无法与别人相处等特征。

而那些善于与他人交往的男孩，在学校不仅能够从容地与同龄人交往，而且能够从容地与老师等成人交往。而男孩是否善于同别人打交道、人缘如何，对他以后的学习和人生的发展有很大的影响。因此，父母要重视从小培养男孩与人交往的能力。

第 30 招

宽容是一种伟大的力量

——如何让爱计较的男孩学会宽容

男孩的困惑

张凯和我从小学时就是好朋友，现在我们在同一所中学念书，虽然班级不同，但是我们的关系还是非常好，但是前两天因为一场篮球比赛我们的关系变僵了。事情是这样的，我们准备了很久的比赛，却因为张凯的频频失误而最终无缘决赛，我很生气地责备他，但他觉得我“太事”、爱计较，所以我们大吵了一架。难道真是我太咄咄逼人了？

英国著名剧作家莎士比亚曾经说过：“宽容就像天上的细雨滋润着大地。它赐福于宽容的人，也赐福于被宽容的人。”没错，在人生中，宽容是一种伟大的力量，它能够让敌人变成朋友，让朋友更加亲密。一个懂得宽容别人的人不但能得到他人的尊重与理解，还有助于和别人建立良好的人际关系。对于一个男孩来说，宽容是必不可少的品德。

大概每位父母都希望自己的儿子能够成为一个胸襟宽广的人，

那么怎样才能让他们拥有宽广的胸怀呢？答案其实很简单，那就是让男孩学会宽容和理解，等他们学会了宽容和理解别人，就不会再为一些鸡毛蒜皮的小事情而斤斤计较，更不会因为别人的一时冒犯而睚眦必报了。

但是因为父母的过分娇惯，现在很多步入青春期的男孩自我意识非常强烈，他们不愿意吃一点儿亏，也不愿意受一点儿委屈，从不懂得宽容别人。

两个男生扭打在了一起，老师问他们为什么打架，其中一个说：“他把水泼到了我身上。”另一个孩子说：“是你先把水泼到我身上的。”第一个男孩说：“我当时正在做值日，又不是故意的。”第二个男孩说：“我爸爸告诉过我，做什么也不能吃亏，你把水泼到了我的身上，我自然也要往你身上泼，要不然我就吃亏了。”

常言道：“比大地更宽广的是蓝天，比蓝天更宽广的，是男人的胸怀。”相对于那些斤斤计较、小家子气的人，胸襟宽广的男人更有大将风度，也更具有人格魅力。而像上述事例中的男孩，他们不但让自己与同学之间出现矛盾，同时也给他人留下了坏印象。

当然，一个人的宽容之心不是天生的，和父母的后天培养有着最为直接的关系。所以，我们应引导青春期的男孩学会宽容，让他们拥有比蓝天还要宽广的胸襟。

方法一：引导男孩学会换位思考

15 岁的苏子峰喜欢看书。一次，他把爸爸给他买的新书拿到了学校，并在课间时翻阅起来。不巧，一个同学把这本书碰到地上，沾上了脏水。苏子峰心疼极了，不仅嚷着让同学赔一本新书，还把他的行为告诉了老师，使得这位同学被老师批评了一顿。

当苏子峰回家把这件事告诉给爸爸的时候，爸爸语重心长地说：“我知道你很喜欢那本书，但是谁都有不小心犯错的时候，如果是你不小心将同学的书碰掉到地上弄脏了，你的同学跟你采取一样的处理方法，你会作何感想。”苏子峰眨了眨眼睛说：“我当然会很难受了。”爸爸又说：“所以，我们要学会理解与宽容，时常站在别人的角度替他想一想。”听了爸爸的话，第二天，苏子峰主动向那位同学道了歉。

理解能带来宽容，宽容能带来和谐。要想让青春期男孩学会宽容，就要让他懂得换位思考，理解别人的难处；只有设身处地地为别人着想才能学会宽容，才能拥有一颗海纳百川的心。

方法二：给青春期男孩树立一个榜样

穆雷总是因为一点儿小事就和同伴们打架。初一时，由于好奇，他染上了烟瘾，而且越陷越深，后来发展到偷家里的钱买烟。渐渐地，他意识到自己背着父母抽烟，还偷家里的钱，这样的行为实在太可耻了。每当想起来，他都后悔万分。

当他终于忍受不了良心的谴责时，便把自己的忏悔写在了日记上，并鼓足勇气交给了父亲。穆雷以为父亲会狠狠地揍他一顿，甚至把他赶出家门。但是，结果却出乎他意料。父亲看后，心情虽然十分沉重，但是没有责备他，反而自己流下伤心的眼泪。穆雷是个要强的孩子，他看到父亲痛苦的样子，愧疚得简直要死掉了。从此，他痛下决心，彻底改正了以往的错误，走上了正道。

我们不得不佩服这位明智的父亲，他用比惩罚更有效的方式教育了自己的男孩。由此我们可以看出，在生活中要想让你的男孩学会宽容，身为父母者首先要做的就是宽容你的男孩，用示范来引导孩子，让他在你的潜移默化中受到教育。

第31招

“要想吃好饭，先要说好话！”

——如何提高男孩的表达能力

男孩的困惑 

爷爷六十大寿的时候，家里请了很多客人。爸爸让我帮助他招待客人，可是我平时就不怎么爱说话，老喜欢冷着一张脸，所以有客人和我说话的时候，我最常回答的就是三个字——不知道，结果搞得原本开心的客人脸色也尴尬起来。爸爸看到后就狠狠批评了我，说我不会说话，可我按照自己的意愿说话办事，错了吗？

随着社会的发展，人与人之间的交往日趋频繁，口才的重要作用也渐渐凸显出来。有位著名的演讲家曾经说过：“每个人都有一张嘴巴，嘴巴有两个功能，一是吃饭，二是说话。但是要想吃好饭，先要说好话！”这句话是非常有道理的。现在是一个充满竞争的社会，一个人即使有过硬的专业技能，但是如果没有口才的话，也很难把自己推销出去。而那些口才好的人，不仅更容易找到伯乐，也更容易拥有良好的人际关系，从而取得更大的成功。

对于青春期男孩来说，培养他们的口才是非常必要的。一位父亲曾经带着懊悔的心情说出了下面的话：

我儿子是一个内向的人，不喜欢说话，更没有什么口才。他读的是重点高中，之后又上了重点大学，学习非常好，但是因为没有口才，那些不如他的同学都找到了工作，我儿子却找不到。后来他总算找到了一家小公司，但是因为口才不好，他总是得不到重用，一直停留在最基层的位置上，而和他一起来公司的5个人，已经有3个晋升到管理层了。现在我真后悔，早知道这样，在儿子小时候我就应该好好培养一下他的口才。

从上面这个事例可以看出，口才也是一种竞争力，对一个人的求职、晋升有很大的帮助。所以，我们要想让自己的男孩在将来能够立足于社会，就要在孩子小时候培养他们的口才，让他们成为一个能说会道的“演讲天才”。

方法一：培养男孩的语言表达能力

要想培养男孩的好口才，首先就要培养他们的语言表达能力，因为语言表达能力是口才中最基础的部分。所以，我们在男孩小时候就要培养他们的语言表达能力，为他们具有好口才打下坚实的基础。等他们进入青春期之后，就要引导他们多和别人接触、交流，以加强自己的语言训练。

在培养男孩的语言表达能力方面，父母可以教他们朗诵诗歌、背诵绕口令，这些锻炼能够让他们吐字清晰、语言流畅。另外，父母还可以让他们复述故事或者电影、电视剧的情节，这有利于培养他们的语言逻辑性，让他们说话有条理。

方法二：锻炼男孩当众说话的胆量

可松今年13岁，是一个能说会道的男孩。前些天，他还在学校的演讲比赛上获得了一等奖。

能够做到这些，与可松父母的教育是分不开的。在可松小时候，每当有亲朋好友来家里做客时，爸爸妈妈都会对可松说："叔叔阿姨最喜欢你了，你昨天不是学会了一首唐诗吗，快给叔叔阿姨背诵一下。"等可松长大一些，爸爸还带他参加了一些电视节目。可松见识了这些"大场面"，遇到其他场合自然就不会怕生了。

一个口才好的人，在任何场合都不怕生，都能把话说得圆圆满满。有很多男孩吐字清晰，语言表达能力也很强，但是一到公共场合就紧张得说不出话来。所以，我们要想男孩拥有出色的口才，锻炼他们当众说话的胆量也是一个很重要的方面。

第32招

“君子一言，驷马难追”

——如何引导男孩守时、守信、守约

男孩的困惑

原本打算这周和两个哥们去现场看足球比赛，可是因为临时有点急事，我就爽约了，而且也忘了打电话跟他们说一声。结果他们就说我不讲信用，害他们因为等我而错过了上半场比赛。真想不通，他们至于这么斤斤计较吗？难道还不允许我有点急事啊？

孔子曾经说过：“言而无信，不知其可也。”诚实守信是中华民族的传统美德，更是人们社会交往中最基本的道德规范。诚实就是实实在在，不讲假话；守信就是遵守诺言，讲信用。如果一个人没有诚信，就不会取得大家的信任，也就没有人愿意和他交往、合作了。

下面是一位母亲的育儿经验：

周末，我丈夫突然决定去钓鱼，12岁的儿子也想跟着去，就回屋里收拾自己的小渔具去了。出来的时候，我问他：“你不是说今天和小光约好了一起看电影吗？”

“对啊，但是昨天晚上我在网上看了那部电影的预告了，没意思，还是跟老爸去钓鱼好玩！”

“那一会儿小光来找你怎么办？”

“你就告诉他，我临时有事儿去奶奶家了。”

“这样你就等于欺骗呀！”我惊诧地问道，儿子怎么如此缺乏诚信之心呢？

“没关系的，就一次半次的事儿，再说了，他又不知道我去哪里了，对吧，妈妈？”

“不行，儿子，我不能帮你这么做。如果你非要和爸爸去钓鱼的话，就必须和小光说清楚，并征求他的原谅，因为这是做人最起码的诚信。你想，如果哪天小光也这样对你，你的内心会如何呢？”

“可是我真的很想和爸爸去钓鱼！”

“儿子，要不这样吧，你和小光说一下，我带你们一起去吧！但是你首先应向小光道歉，因为无论如何是你变卦了，明白吗？”这时我丈夫突然开口说话了。

对于青春期男孩来说，我们更要注重培养他们诚实守信的品质，因为自古以来“诚实守信”就是评价男性的重要标准。在古代，人们用“君子一言，驷马难追”来形容大丈夫的诚实守信。到了现代，因为人际交往的日趋频繁，诚实守信更成为男性获得他人信任以及培养良好人际关系的必备条件。所以，我们要重视青春期男孩诚信的培养，努力把他培养成为一个诚实守信的人。

方法一：以身作则，为男孩树立诚信的榜样

父母是男孩的一面镜子，其行为直接影响着男孩。如果父母在生活中能够做到诚实守信，那么，久而久之，男孩也会做到诚实守信。

然而，父母们虽然知道诚实守信的重要性，却常常忽视自己行为对男孩的负面影响，甚至当着男孩面欺骗他人、违背承诺……

门铃响了，妈妈对上初一的儿子说：“儿子，去看看是谁敲门，如果是你李阿姨，就说妈妈很早就出去了，不知道干吗去了。”儿子不解地看着妈妈问：“但是你明明在家啊！”妈妈有些不高兴地说：“叫你怎么说你就怎么说，你李阿姨找我有事儿，我不想去。哎呀，小孩子管那么多干吗，赶紧去开门，按照我说的说。”……

儿子特别想吃隔壁街上的炸鸡，但是由于妈妈急着回家，就忘记了。回到家看到儿子期待的眼光，妈妈便说：“真抱歉，那家的炸鸡都卖完了，明天再给你买好不好？”

看到上面的场景，你是否也感到很熟悉呢？没错，这些故事都是发生在我们身边的事，也许，你也曾经这样欺骗过你的儿子，你总是以为他还小，这样的话不会对他产生什么影响，但事实上，你这样的想法是完全错误的。要知道，男孩的模仿能力是非常强的，今天他看见你在说谎，那么，明天他就会学着你的样子去骗别人，久而久之，他就会成为一个不重承诺、毫无诚信可言的人。所以，父母们若想把儿子培养成一个诚实的人，首先要做到自己也诚实守信，为儿子树立一个良好的榜样。

方法二：尽量满足男孩的合理需求

上高一的品品美术课需要用水彩笔，但他的旧水彩笔颜色已经很淡了，他多次请求妈妈给他买新的，妈妈总是以“等到不能用的时候再给你买”为借口搪塞品品。品品很生气，把旧水彩笔扔进了垃圾桶，回家对妈妈说：“我的水彩笔丢了，上课没有用的了。”就这样，品品通过谎言获得了新的水彩笔。

很多时候，男孩不遵守信用、说谎都是父母“逼”出来的。对于男孩的合理要求，父母还是要尽量满足。一旦男孩学会用撒谎来获得想要的东西，那他便会一发不可收拾。

第33招

分享会让你获得更多

——如何让自私的儿子懂得分享

男孩的困惑

姐姐上周给我买了一部游戏机作为我的生日礼物，兴奋的我立马拿到学校去显摆。同班的几个好哥们就相互传着观赏，还有两个干脆打开来玩。一开始，我也觉得没什么，可是后来看到他们按着上面的键激动地玩着，我就心疼我的游戏机，夺过来放进了包里。大家都说我小气，可是我的东西玩坏了他们又不心疼。

托尔斯泰曾说过："神奇的爱，会使数学法则失去平衡。两个人分担一个痛苦，只有一个痛苦；两个人分享一个幸福，却能拥有两个幸福。"生活中的许多快乐和痛苦，都是可以拿来互相分享的。分享如同午后的阳光，温暖着人心；又如同湿润的土壤，将爱化成雨露，滋润情感的种子慢慢生根发芽。对于青春期男孩来说，与人分享是一种必须拥有的好习惯，它既是一种美德，也是体现高情商的行为。

下面这对夫妇是这样教自己的儿子学习"分享"的：

有一对中年得子的夫妇，对他们的儿子总是呵护备至。虽然他们的经济条件很一般，但他们总是倾尽自己所有的力量给儿子最好的生活。为了节省开支，爸爸每次总要去批发市场买水果，这样可以因为便宜而多买一些。有一次，爸爸买了一箱儿子最爱吃的苹果，之后每次吃完饭，就让 10 岁的儿子帮忙从箱子里拿出苹果来，分给爸爸妈妈和自己各一个。这一天，儿子从箱子里拿出了最后一个苹果，他在箱子里翻了又翻，沮丧地对爸爸妈妈说："没有了。"

这时，儿子拿着手中的苹果看了爸爸一眼，又看了妈妈一眼，意思很明显：家里就剩下一个苹果了，难道你们还要吃吗？爸爸妈妈对视了一眼，然后很坚决地告诉儿子说："来，儿子，让我们把这个苹果分成三份。"然后爸爸拿来水果刀，把唯一的苹果分成了三份，之后爸爸妈妈毫不犹豫地享受着自己的那份。但夫妇俩还是明显地看到爱吃苹果的儿子那眼中蓄满的委屈泪水，他心里在想："为什么那么爱自己的爸爸妈妈，不愿意把唯一的苹果整个给他吃呢？"

上例中的这对夫妇之所以把唯一的苹果分成三份，就是要让他们的儿子明白：真正的分享，不是在自己有很多、有剩下的或者自己不喜欢的、不需要的东西，才分给别人，而是在自己也不多、也喜欢的时候，还愿意把自己心爱的东西分给别人。

不过，如果你的儿子是个"小气鬼"，那么父母不妨参考一下以下建议，来改变男孩自私的毛病。

方法一：让青春期男孩正确认识分享

每个人在心底都会有一种自私心理，由于它的作祟，人们很难做到大方地与人分享好东西，对于未成年的男孩而言就更加困难了。大多数青春期男孩可能都存在这样一种想法：凡是与人分享就是对自己的一种剥夺，会造成损失。这种情况下，父母一定要及时地给予男孩最恰当的引导。

一天，爸爸领着 12 岁的儿子东海在广场中间玩球，一个男孩在旁边看了许久，爸爸就要求东海邀请那个小男孩一起玩。开始时，东海并不愿意，于是爸爸对他说："你要学会分享快乐，你看现在我们两个人玩是两份快乐，如果多一个人参与进来的话我们的快乐就会变成三份，而且每份快乐的分量还会变重，何乐而不为呢？"东海疑惑地答应了爸爸的要求。不一会儿，东海就和陌生男孩熟悉起来，玩得比之前还开心。

回家的路上，东海对爸爸说："原来快乐是可以分享的，我因为分享了我的快乐从而获得了更大的快乐，分享真好！"爸爸笑着摸了摸儿子的头并夸奖儿子说："你真棒！学会了分享快乐！"

爱尔兰著名的剧作家萧伯纳说过这样一句话："你有一个苹果，我有一个苹果，彼此交换，每个人只有一个苹果。你有一种思想，我有一种思想，彼此交换，每个人就有了两种思想。"可见，学会分享的人不但不会失去，反而可能得到更多的价值回报。

方法二：用"交换法"让男孩学会分享

父母在教子过程中可能会发现这样一种现象：在公共场合男孩总希望自己能够独霸所有的东西。其实，青春期男孩大多都有很强的独占欲，如果出现以上这种行为时，父母一味地批评儿子，只会产生副作用；而如果采用交换的方法，让男孩学会与他人分享玩具等物品，一定会起到很好的教育效果。

有一位聪明的妈妈在网络日志中这样记录了自己的育儿经验：

去年，我和几位妈妈组成了亲子团，现在都成了很要好的朋友，我们经常会一起带孩子们出去玩，然后让孩子们交换玩具玩。因为男孩们都喜欢新鲜的东西，玩具很容易玩厌，买多了又浪费，但不让他玩呢，又不忍心，因为玩具有时候是开发智力的好东西。所以，我们就让孩子们互相交换玩具来玩。比如我家儿子的变形金刚，他玩了一年，已经玩烦了，就送给别的男孩玩，而别的男孩又把自己的玩具枪送给我的儿子玩。这样既不浪费钱，又教会了孩子学会分享。

第34招

学会拒绝才能活得更轻松

——男孩不懂得拒绝，怎么办

男孩的困惑

从小我就不太会拒绝别人，都是别人让我做什么我就做什么，即使不是该我负责的或者不是我愿意的，我也会去做。前几天，我们班的两个男生在放学后让我给他们帮忙，我没想到他们竟然去偷东西，虽然后来没事，但我也很后怕。结果第二天，他们又让我帮忙，我真不知道怎么拒绝他们？

父母都希望自己的儿子学会与人分享，养成慷慨大方的美德。然而，男孩也是一个独立的个体，不可能把所有东西都拿出去与人分享，尤其是自己心爱的东西。因此，男孩也有拒绝的权利，同样也会遭到他人的拒绝，父母所要做的，就是教会他们如何拒绝别人的要求，如何泰然自若地接受他人的拒绝。

一个不会拒绝别人的人很容易被他人左右，一个没有任何主张的人有时甚至会给自己带来危险。人不是万能的，不可能让所有的人满意。所以，学会拒绝也是一种快乐，不要勉强自己去做根本不想做的事情，给自己的心灵一片自由。让男孩在成长的过程中学会拒绝，不仅是学会自我保护的一种方法，也是学习一种如何与人交往的处世技巧。

在生活中，男孩总是要和各种各样的人打交道，如果在与别人相处的过程中，总是担心伤害别人而不敢拒绝别人，这样的结果就是伤害孩子自己。引导男孩学会拒绝、敢于拒绝、善于拒绝，才会让他活得真实明白，活得开心快乐。

有对夫妇在一次车祸中双双罹难，留下了一个男孩。孩子的姑姑收养了他，尽管生活并不富裕，但是为了培养孩子，姑姑倾其所有，给孩子最好的教育。后来，男孩长大了，并且如愿考上了北京的一所大学。他找了一份工作，一边打工一边读书，直到有一天，男孩觉得能报答姑姑了，于是写信让姑姑来北京，要好好地招待姑姑。

姑姑来了，男孩要请姑姑吃饭，他让姑姑选一个喜欢的饭店。于是，他们一起走过一家又一家饭店，但姑姑都摇头表示不喜欢。最后，两人来到了一家星级饭店，姑姑说："这家好，就这家吧！"

男孩忐忑不安，心想："姑姑啊，您不知那是星级饭店吗？我一个学生怎么能承担得起啊！"可是想到姑姑的恩情，男孩无论如何也说不出拒绝的话。

席间，男孩的手心渗出了汗水，可是他始终强颜欢笑，照顾着姑姑。后来他借着去卫生间的机会，偷偷看了一下菜单——2000多元。回到座位后，男孩更加坐立不宁，终于，他用最小的声音对姑姑说："姑姑，我没有那么多的钱来买单……"

姑姑说："我今天来，就是想给你上一节课，这节课的题目就叫"学会拒绝别人"。你没有钱，为什么和我进了这样一家饭店，为什么不直接说'姑姑，我没有钱，可不可以换一家饭店'，你拒绝我一下，是不是就避免了没钱结账的尴尬？生活中有好多这样的事情，只有敢于拒绝，才会让你生活得更轻松。孩子啊，一定要学会拒绝，学会说不！”

这位姑姑用最直接的方式给男孩上了生动的一课，如果不会、不敢、不好意思拒绝别人，一味地迁就别人，最终只能是自己吃亏。现实社会其实很复杂，很多人排着队等着算计那些办事没有原则、一味迁就、顺从别人的人呢。

做人难，做事难，拒绝别人更难。男孩在与人交往时，不可能所遇到的对象都是友善的、讲理的，也会遇到一些颠倒是非黑白、自视过高的人，他们不仅提出无理要求，还强迫别人无条件地接受。如果男孩这时因为好面子、讲义气，就打肿脸充胖子，最终吃亏的只能是自己。因此，一定要让男孩敢于拒绝，勇于说不。

方法一：引导男孩学会和他人“商量”

拒绝别人有时要和对方反复“磨嘴皮子”，直到对方认可；或者找一个理由，对提要求的人晓之以理，让他心平气和地接受拒绝。

一天，邻居家的小弟弟非要玩石磊的电动车，15 岁的石磊感到很为难，就用求助的眼神看看旁边的妈妈。妈妈对儿子说：“你去对这个小弟弟说：‘来，咱们先比比个儿吧。我比你高好多，你太小了，还玩不了这么大的车，太危险了，碰着你准得流血，等你长大了，我再教你玩，好吗？’”石磊点点头，没想到小弟弟听了妈妈教的这番话，果然不再提玩电动车的事情了。

后来，又有个和石磊年纪相仿的孩子提出要玩他的电动车，石磊就说：“我的车快没电了，我先玩一会儿，明天换了电池给你玩行吗？”

其实，男孩的注意力有时转移很快，只要这个“岔”打过去，哪还记得以后和明天？以如此商量的口吻和对方对话，既巧妙地守住了自己心爱的东西，又避免了一场暴风雨。

方法二：让男孩学会泰然接受他人说“不”

父母应该在男孩头脑中强化一个概念：别人的东西不属于我，只有在人家同意的情况下，才能享用。

10 岁的彬彬跟妈妈到公园去玩，看到一个小男孩在踢球，彬彬就走过去，要求跟男孩一起玩球，却遭到了拒绝。彬彬很难过，眼泪几乎都要流出来了。

妈妈对他说：“那个小弟弟拒绝了你，你很难受，是吗？”

“是的。”彬彬说，“他为什么要说不愿意呀？”

“因为他是自己的主人，他可以选择和你一起玩球，也可以选择不和你一起玩，你需要尊重他的选择，接受他的拒绝。”

“我不愿意接受。”彬彬仍然沉浸在挫败的情绪中。

过了一会儿，妈妈问彬彬：“那你愿意和妈妈一起去河边散步吗？”

“我不愿意。”彬彬说。

“彬彬，你拒绝了我。”妈妈说。

彬彬惊奇地看看妈妈，问：“妈妈，你接受我的拒绝吗？”

“我接受。”妈妈平静地说。

彬彬又问了妈妈一遍：“我拒绝你，你接受吗？”

“我接受。”妈妈仍然说，接着反问彬彬：“你接受吗？”

“我接受。”彬彬破涕为笑了。就在母子俩一问一答的游戏中，彬彬完全从挫败的情绪中摆脱出来，并且接受了现实。

在这个故事中，当彬彬由被动地接受拒绝变为主动地拒绝别人时，他的角色发生了转换，因而他的内心也有了力量，并且他从和妈妈的应对中逐渐接受了事实。

第六章

男孩的成功始于十几岁

青春期男孩必备的情商教育

男孩一进入青春期，他的内心就会激荡着一股想要成功的力量，渴望被他人承认和赞赏。同时，父母们也发现修炼儿子的强者心态、提高孩子的情商存有很多问题，例如：儿子害怕失败，经不起挫折怎么办？男孩消极悲观，做事不自信怎么办？胆小的男孩如何让他变得勇敢起来呢？自负的男孩如何让他变得谦虚谨慎起来呢？

面对这些青春期问题，父母要鼓励男孩的情绪表达。男孩遇到困难和挫折时，父母不要对他们过于责备和要求，更不要只从物质方面对他们进行补偿，更多的是要关注他们的情感需求，多给他们一些鼓励和支持，告诉他们父母始终都相信他们，一切困难都会过去的。要让男孩摆脱情感危机，还要让男孩掌握管理情绪的方法。学会管理情绪，这是终极目的。

第 35 招

“这次比赛我输了，真丢人”

——男孩经不起挫折怎么办

男孩的困惑

昨天，好不容易准备了一个月的篮球比赛我们却输了，而担任前锋的我错失了好几次得分的机会，并且每一次失误都让我颇为懊恼。比赛结束后，我觉得自己胸口像被一座大山压着，虽然队友们都不介意我的失误，但我觉得我是一个彻底的失败者，为什么一次失误就让我这么有挫败感呢？

青春期男孩一般自尊心比较强，非常“好面子”，而且喜欢过高估计自己的能力，但是因为自身经历尚浅，他们在解决问题方面还存在很多不足，因此常常会遭遇一些挫折；而有很多青春期男孩根本经不起挫折，这时父母就要引导男孩用坚强来应对挫折。

坚强是一种可贵的品质，也是每个男孩必备的素质，它能让男孩不畏惧困难，在任何挫折面前都不低头，并且取得最后的胜利。不夸张地说，坚强是每一个成功男人不可或缺的品质。由此我们也不难看出，坚强的意志对男孩未来成长的重要性。

现实生活中，青春期男孩由于受男性荷尔蒙的影响，往往比女孩显得更坚强，抗挫折能力也明显高于女孩。但是近年来，因为家长的过分娇惯和保护，很多青春期男孩抗挫折能力差，甚至一点儿失败都承受不起。

王泽是一个13岁的小男生。暑假的时候，王泽央求爸爸给自己报名参加了跆拳道训练班，结果，王泽刚去了一周就不去了。爸爸询问王泽为什么不去了，王泽说太累了，他腿都踢肿了……

由此可见，现在的青春期男孩大都比较欠缺坚强的意志。男孩总要长大成人，如果他们非常软弱并且一点抗挫折能力都没有，就不能承担这些责任，也不会成为顶天立地的男子汉。而且事实证明，那些遇到困难不低头、不服输的男孩，长大后大都会有所成就，取得人生和事业上的成功，并肩负起男人应该承担的责任。

方法一：培养青春期男孩的抗挫折能力

一位父亲曾经谈到这样的育子经验，非常值得我们借鉴：

我儿子是那种非常听话的好孩子，但是有一点不好，他非常软弱，一遇到挫折就一蹶不振，再也不想尝试了。我决心改变这种状况。我从以下几个方面来培养儿子的抗挫折能力：

第一，告诉儿子失败是成功之母，挫折并不像想象中那样可怕，它是人们前进的推动力。

第二，鼓励儿子多坚持，坚持就是胜利。儿子以前一遇到困难就退缩，我经常鼓励他，让他坚持下去，不要去想最后的结果。儿子听了我的话，没想到真的取得了成功，以后就不再临阵退缩了。

一个人是否坚强，最主要的就体现在他面对困难、面对挫折的态度上。那些软弱的人，一遇到困难和挫折就低头，就绕着走；而一个坚强的人会和苦难、挫折斗争到底，并且取得最后的胜利。所以，我们要培养男孩坚强的性格，最主要的就是要培养他们的抗挫折能力。

方法二：用积极的暗示鼓励青春期男孩做个坚强的男子汉

王宇和张华是关系很好的同学，两人还是同一个足球队的队员。这天，他们一起参加了学校举办的一场足球赛，本来两人都是怀着必胜的信心踢球，可是最后他们还是输了，而且两人都受了伤，于是心情沮丧地回家了，但是两家父母的态度却是完全不同。

王宇的母亲一询问完情况，马上心疼地对儿子说："快让妈妈看看你伤到哪里了，以后别踢球了，真危险！"王宇听后并没有感到宽慰，反而心情更烦躁了。

张华的母亲得知儿子的情况后，笑着对儿子说："妈妈知道你是一个坚强、有毅力的人，只要你多加训练，一定会成功的。伤口处理这种小事你自己会做吧，老妈去给你做一顿大餐补补，这样你就更有力气准备之后的比赛了。"张华给了母亲一个"小意思"的眼神，一边自己处理伤口，一边暗暗下定决心要好好练习球技。

面对同样的境况，两位母亲对各自的儿子采取了不同的暗示。自然、积极的暗示和鼓励会让男孩变得更加坚强、勇敢，更容易从挫折中恢复过来；而总是传给男孩消极暗示的父母，会让儿子变得更加脆弱、消极，也更加害怕困难和挫折。所以，我们应该对青春期受挫折的男孩多加鼓励，并且多传达给他们一些积极的暗示。

第36招

“我能行吗？”

——男孩的自信是如何炼成的

男孩的困惑 

上周学校准备在各班挑选参加校庆运动会的成员，老师和同学都鼓励我参加跳远项目，但是我对自己没信心。万一失败了怎么办？万一被老师、同学埋怨怎么办？万一……太多的“万一”让我不敢尝试，我也知道这样胆小、自卑的自己很讨厌，可是我就是无法变得自信起来。

美国作家爱默生曾说过：“自信是成功的第一秘诀。”自信对于人们来说是一种修为、一种能力，一个拥有自信的人才会充满力量地迎接困难和挑战。

哈佛大学著名的心理学教授罗森塔尔曾经做过这样一项实验：

他在一所普通学校里选择了六个不同年级的班级，在学生中进行了一次煞有介事的“发展预测”。然后，他以欣赏、赞美的口吻将有优异发展可能的学生名单交给了相关的班主任。几个月后，他再次回到这所学校进行复试，结果奇迹出现了：名单上的学生成绩都有了显著进步，而且在情感、性格上也更为开朗、活泼，求知欲望也更强，经常向老师提问题，敢于发表意见。

这个令人赞叹的实验充分说明了自信心的奇妙之处。事实上，他提供的名单纯粹是随便抽取的，显然是假的。但正是因为这个“美丽的谎言”增加了这些孩子的自信心，让这些名单上的孩子知道自己就是最好的、最有能力的，才有无穷的力量去努力学习，去做好每一件事情。可见，自信心完全可以影响和控制孩子们自身的潜力。

培尔辛曾说过：“除了人格以外，人生最大的损失，莫过于失掉自信心了。”所以，身为青春期男孩的父母，我们应该在正确认识自信心的深远价值和重要性之后，想办法努力增强男孩的自信心。

方法一：帮助自卑的儿子寻找闪光点

刘明是一个缺乏自信的男孩，在班级中成绩平平，其他方面也没有什么过人之处，因此常常感到自卑，认为自己各方面都不如别人。儿子的问题很快便引起了妈妈的重视。妈妈觉得刘明的身体素质不错，于是给他报了一个篮球班。刘明对篮球产生了很大的兴趣，加上老师的指导和自己刻苦的训练，他很快就成为校篮球队的主力队员。每次比赛时，都会有不少同学为刘明加油呐喊，这让刘明体验到一种成就感，慢慢变得自信起来。

所有的孩子都会有这样的一种习惯，他们喜欢把目光放在别人的优点上，然后与自己的缺点相比较，因此他们很容易产生自卑心理。其实每个孩子身上都有闪光点，只是没有发掘到而已。父母要学会发现并培养男孩的优点和特长，多给他们积极、肯定的评价，让他们看到希望，相信自己的能力，从而建立起自信心。

方法二：让青春期男孩体验成就感

自信的男孩，总是在不断的成功体验中增强信心，慢慢让自己的内心变得强大。反之，不自信的男孩，就是因为成功的体验太少，缺乏了这一建立自信的基础，信心薄弱，禁不住打击，一丝风吹草动都可能会对他造成伤害。

文文正如他的名字一样，平时文文静静，也不怎么爱运动，遇到事情，总有些犹疑不决。爸爸一直想帮文文增强自信。文文喜欢游泳，每当周末时，爸爸就带他去公园的露天游泳场游泳。文文比一般孩子游得好多了。在爸爸的鼓励下，他开始试着从高空滑道向水里速滑。“儿子真厉害！我都有点害怕呢。”爸爸鼓励儿子说。自豪的文文经过一次成功的体验后，又一次昂首挺胸体验速滑了。经过一个暑假的锻炼，现在的文文遇到事情不再说“我行吗？”，而是说“让我来试试”。

当男孩完成一件事，同时又得到了别人的肯定，他就会更相信自己的能力。经常有类似的成功体验，孩子的成就感就强了，同时也会越来越自信。

方法三：保护青春期男孩的自尊心

有一位成年男性教师在谈到当初选择职业时的原因，他是这样说的：“我上中学的时候，老师们总是当着全班同学的面揭我的短，每当这时，我就有一种羞辱感，恨不得有个地缝钻进去。因此，我的学生时期并不快乐，甚至现在回忆起来都是黑色的，所以，我当时就暗暗决定，将来一定要当个爱护学生心灵的好老师。”

也许有时在大人看来无关紧要的小事，却成了事关男孩“面子”的大事。青春期男孩的自尊心极强，总怕被人揭短，尤其是当众被揭短，会让他无地自容，信心受挫。所以大人在管教男孩时，要分清情况，不予姑息，也不一味地批评。在给男孩正面教育的同时，多鼓励孩子，尽量保护青春期男孩的自尊。

第37招

"不！我不敢"

——怎样才能让怯懦的男孩勇敢起来

男孩的困惑

昨天体育课上，老师让大家跳鞍马，可是看起来并没有多高的鞍马，却让我感到很害怕。我跳了几次都没有跳过去，这时我就听到几个同学偷偷说我是"胆小鬼"。我也不想做胆小鬼，我也想变成勇敢的人，可是我就是害怕啊，怎么办呢？

一位哈佛的心理学教授曾说过："勇敢的精神是一个人不可或缺的元素，因为哪怕是人类的每一个微小的进步，都需要勇气作为先导。"做人不能墨守成规，贪图安逸和享乐，应当勇字当头，敢于前进。对于一个男子汉而言，勇气更是必不可少的素质。然而在现实生活中，父母无微不至的照顾，致使很多男孩胆子非常小。

斌斌今年12岁，不但懂礼貌还特别乖巧，邻居都很喜欢他。斌斌唯一的缺点就是胆小，这么大了还不敢一个人睡觉，不敢到黑暗的屋子里取东西，就连体育课上的器材他都不敢玩，因此很多同学都不喜欢和他在一起。一次，舅舅带斌斌去游乐园，临走时妈妈再三叮嘱舅舅："你外甥胆子小，别让他玩快跑、跳远、爬高的游戏。"

到了游乐场，斌斌看着各种电动玩具很兴奋，当舅舅问他想玩什么的时候，斌斌左看看，右瞧瞧，最后扫兴地说："我怕，我哪个也不敢玩。"舅舅说："没关系，会有适合你玩的游戏的。"于是，舅舅领斌斌玩旋转木马。坐在木马上的斌斌一直忐忑不安，最后竟然吓出一身汗，这让舅舅十分无奈，只好领着他回家了。

生活中的大多数问题，青春期男孩自身是可以轻松应对的，只是旁边的父母总是提心吊胆地告诫他这样做危险、那件事要小心，结果孩子信心不足，变得胆怯起来。对于男孩来说，存在胆怯懦弱的心理是很正常的，父母要学会激发和引导孩子内心的勇敢，不能让他养成逃避问题的习惯。

勇气是令青春期男孩具有男子气概的主要来源，家庭教育是影响男孩勇气形成的重要因素。所以，父母要掌握恰当的方法让男孩的胆子大起来，成长为真正充满勇气和力量的男子汉。

方法一：不要把青春期男孩当成弱者

一天，妈妈带着10岁的儿子小杰去医院打疫苗。挂号的时候小杰有点害怕，一旁的妈妈安慰他说："别怕，妈妈会一直在你身边的。"进了诊疗室，小杰紧紧地抓住妈妈的手，哭哭啼啼让妈妈领他走，说什么也不让护士给他打针。这时，一位老护士走过来对妈妈说："请你出去，离开你的孩子！"妈妈不情愿地走出了诊疗室，并焦急地等待着。不一会儿，小杰平静地走出来。妈妈搂过小杰问："宝贝，疼不疼？"小杰说："有点疼，但是我没哭！"

后来，老护士解答了妈妈的疑问："父母守在孩子身边会让他产生依赖，就会任性、撒娇。我让你离开是要促使孩子自己直面痛苦。当孩子发现没有了依靠，就会靠自己的意志和毅力战胜疼痛和心中的胆怯。"

其实，大多数青春期男孩都不像父母想象中的那样胆怯和懦弱。有位教育专家说过：“如果把孩子的生命比喻成一把披荆斩棘的刀，那么挫折就是一块不可缺少的砥石，为了使孩子生命这把‘刀’更锋利，必须先摆脱父母过分保护的教育方式。”

生活中，父母不要把自己的儿子当成弱者，要给他磨炼的机会，让他充分认识到自己的能力，形成“我能行”的心态，勇敢地面对人生中的各种考验。

方法二：告诉男孩，自己的事情自己做

下面一段是心理专家和一个 15 岁男孩之间的对话：

心理专家：“你平常在家洗袜子吗？”

男孩：“不洗，平时都是妈妈给我洗。”

心理专家：“如果妈妈不在家呢？”

男孩：“还有爸爸呢！”

心理专家：“如果爸爸妈妈都很忙，没时间给你洗呢？”

男孩：“那就放着，等他们有时间再洗好了。”

心理专家：“等你以后长大了，谁来给你洗呢？”

男孩：“长大了，我可以请保姆啊！”

试想，这样一个连生活都需要别人照顾的男孩，还怎么能奢求他有勇敢之心呢。父母代替和包办孩子的事情越多，孩子的胆子就会越小。要想让男孩有坚强的意志和勇敢的个性，首先要让他学会自己照顾自己。所以，父母要想让你的孩子变成强者，就要学着放手，让男孩慢慢学会独自处理各种事情。

第38招

“我该怎么办”

——男孩遇事优柔寡断，怎么办

男孩的困惑

我发现自己特别容易受别人影响，而且做什么事情都会犹犹豫豫。比如昨天和同学出去吃饭，他问我吃什么，我就说“随便”，可是他帮我选了之后，我又不喜欢，搞得大家都有点不愉快。难道我真的很难“伺候”？为什么一到做决定的时候，我就害怕选错呢？

有一个少年帮着妈妈去定制新鞋，当时鞋子的样式有两种：一种是圆头的，另一种是方头的。少年一时间没了主意，一会儿说做圆头的，一会儿又说要做方头的。在少年游移不定之时，鞋匠已经把鞋子做好了——鞋子一只做成了方形，一只做成了圆形，根本无法穿……

这个故事告诉我们，优柔寡断的人无法行事，他们往往错失掉很多机会，很可能忙碌一生也毫无建树。因此，当青春期男孩遇事优柔寡断时，我们应该从旁帮助他提高决断能力，以便为他把握人生机遇打下坚实的基础。

所谓决断，就是指在面对任何事情的时候都要当机立断，不能前怕狼后怕虎。果断的性格是一个人自我决断能力的体现。我们都知道，现代社会是一个高速发展的社会，要想在社会上取得成功，必须具备这种遇事果断处理的能力。对于青春期男孩来讲，做事果断实际上是一种智慧和才能的体现，也是他们未来取得成功的关键。

但性格的养成是一个长期的过程，据心理学家研究发现，一个做事不果断的人，其性格形成可以追溯到他的童年，很可能是父母影响的结果。所以，为人父母，应该高度重视这个问题。

不过，青春期男孩决断能力的培养并不是靠说教来完成的，需要父母在养育男孩的过程中通过事例进行引导，提高男孩的知识储备和生活认识，为他们良好的决断能力打好基础。那么，如何才能培养出一个爽快利落、做事雷厉风行的男孩呢？下面这些方法不妨尝试一下：

方法一：父母在儿子面前的言行必须果断

邢先生的儿子小勇是个性情非常爽快的孩子，做事从不拖拉，一贯是雷厉风行，这主要得益于邢先生的教育。邢先生在儿子很小的时候就注意培养他的果断性格，刻意让小勇自己去决定许多力所能及的事情。例如出门穿什么衣服，晚上吃什么，电视看哪个频道，压岁钱怎么分配，等等。

小勇上二年级的时候，一次邢先生开车送他上学时堵车迟到了。小勇怕挨老师批评，就坐在车里哭闹，要爸爸陪他进教室，否则就不下车。刑先生当时并没有心软，果断地拒绝了儿子的请求，同时对他说：“要不你自己走进去，要不就立刻回去！”结果，小勇不得不自己走进教室。当天晚上，邢先生明确地告诉小勇：“生活中有很多事情是你必须自己解决的，不能老想着依靠别人的力量。你要知道，有些事情即使你今天逃避了，明天你依然要面对。”

在邢先生的教育下，小勇逐渐形成了果断的性格和较强的决策能力，因此很受老师和同学们的欢迎。

父母在男孩面前的言行必须果断，树立好的榜样，借此来潜移默化地影响男孩。如果男孩身上有了优柔寡断的倾向与习惯，父母要及时帮他改正，不要让它在孩子身上生根发芽，影响孩子的抉择能力，破坏各种进取机会。

方法二：帮男孩摆脱依赖心理，让男孩自己行事

遇事能够借鉴他人意见，借助他人智慧做出正确决策，无疑是值得提倡的方法。但是缺乏主见的男孩不是这样，他们遇事总是去问别人该怎么办，完全等着别人拿主意，这是男孩的依赖心理在作怪。

李爽是一个非常没有主见的男孩，做什么事情都是优柔寡断。有时候，做一个决定，他要征求很多人的意见。即使这样，他也可能决定不下来。

有一次，妈妈让李爽报一个特长班，让他在钢琴班和书画班任选一个。李爽犹豫了好久也不知道选哪一个好，他觉得两个都挺好的，但是又没有特别多的空余时间，只能报一个。于是，他问妈妈："您觉得我该选择哪一个呢？"妈妈说："你自己决定吧！"但是李爽犹豫了好久，还是没有做出选择。

一直到两个特长班都开课一周了，李爽还在犹豫呢！李爽的妈妈气得直摇头："我的儿子做事这么犹豫不决，将来能立足社会吗？"

看！依赖心强的人往往会错失良机。此时，父母一定要想办法帮助男孩拿掉这个心理上的"拐杖"，让男孩的自主意识成长起来。如果男孩遇事犹豫不决，向父母征求意见时，父母不要马上给出答案，而是要引导和鼓励他拿出自己的意见。哪怕男孩说出的意见没有多少价值，也要先予以鼓励，然后再帮其完善。这样一来，男孩果敢的性格就会逐渐形成。

第39招

“我为什么总是失败?”

——如何引导男孩学会自我激励

男孩的困惑

我觉得自己身体里还住着另外一个人，每当我做事情的时候,“他”就会对我说“你不行”“放弃吧”,而当我事情失败了,“他”就对我说“看吧，你果真还是失败了”。我真的好恨身体里的这个人，我怎么样才能赶走他，变得自信起来呢?

一天，青少年咨询中心的心理专家收到了这样一封电子邮件：

老师您好，我是一个17岁的男生，内向、沉默、放不开、生存能力差、不爱笑、不会表达、不聪明、学习也不好。我读高二了，每天都看玄幻小说，现在已经离不开了。我向往小说里的生活，向往时髦的生活，向往漂亮温柔的女孩，可班里没女生喜欢我，我觉得自己很没价值，也嫉妒有人喜欢的男生。我人际关系不好，和很多女生都没有说过话，甚至对亲人也冷漠，和他们不知说什么，去了奶奶家也很拘谨。我是不是有严重的心理问题呢?

其实，这是男孩青春期自我意识觉醒的表现，进入青春期后，男孩开始越来越关注自己的外貌、人际关系、别人对自己的评价、成就感等等。但是男孩在青春期这一特殊阶段进行自我评价时缺乏独立性以及对自己正确的把握，再加上容易情绪化，看事物常常以偏概全，在比较中就很容易出现过于负面地看待自己。

比如,上述事例中的那个男孩说自己在别人眼中是“内向、沉默、放不开……人际关系不好，和很多女生都没有说过话，甚至对亲人也冷漠”，这是对自己缺乏正确把握的表现，当然也是对自己以偏概全的表现。

当然，出现这些问题都是很正常的，如果男孩能够以积极的心态来看待这些问题，学会自我激励，并开始有意识地进行自我改进和提高，那么他就会变得越来越优秀。作为父母的我们应该如何引导男孩学会自我激励呢？下面就给迷茫中的父母们提供一些教育方法。

方法一：引导青春期男孩学会鼓励自己

父母要告诉孩子，求人不如求己，没有人有义务和责任一直给予你鼓励和支持，重要的是要学会自我激励，这样孩子在没有外人鼓励的前提下，也可以获得大的进步。

在拿破仑·希尔的《思考致富》一书里面，首次揭示出六个自我激励的黄金步骤：

（1）你要在心里确定你希望拥有的财富数字——泛泛地说“我需要很多很多的钱”是没有用的,你必须确定你要求财富的具体数额；

（2）确确实实地决定，你将会付出什么努力与多少代价去换取你所需要的钱——世界上是没有不劳而获这回事的；

（3）规定一个固定的日期，一定要在这日期之前把你要求的钱赚到手——没有时间表，你的船永远不会“泊岸”；

（4）拟订一个实现你理想的可行性计划，并马上进行。你要习惯“行动”，不能够再耽于“空想”；

（5）将以上四点清楚地定下——不可以单靠记忆，一定要白纸黑字；

（6）不妨每天两次，大声朗诵你写下的计划的内容。一次在晚上就寝之前，另一次在早上起床之后——当你朗诵的时候，你必看到、感觉到和深信，你已经拥有这些钱！

爱迪生曾写信给拿破仑·希尔：“我感谢您花了这么长的时间去完成‘成功学’，这是一个很健全的哲学，追随您学习的人，将会获得很大的效益。”

这是一个经济学中的步骤，但是在家庭教育中也有重要的意义，父母可以将其作为参考，利用到对青春期男孩的教育当中，让男孩读懂这个黄金步骤，在此基础上，制订自己的学习计划，从而实现自己的理想。

方法二：指导青春期男孩确定自己的目标

目标对于孩子的影响是巨大的，它会决定孩子的学习态度和学习劲头。善于自我激励的孩子，一定是有明确目标的孩子。只有在目标的引导下，孩子才会自我激励，朝着自己的目标不断前进。

查理·派迪小时候在一次赛车比赛中得了第二名，他非常兴奋地跑回家，把这个好消息告诉了妈妈。他对妈妈说他得了第二名，总共有5个人参加了比赛。妈妈看了他一眼，说道：“这有什么值得骄傲的吗？在我看来，其实你输了，你输给了第一名。别人能跑第一名，为什么你就跑不了啊？你用不着跑在别人后面。”这句话深深地印在了查理·派迪的脑海里。在接下来的20年里，他称霸赛车界，成为赛车史上赢得奖牌最多的赛车选手。

正是在自我激励下，查理·派迪才会不断地超越自己，最终取得了卓越的成就。

男孩通常自己会设定一个目标，但由于年龄的限制，目标会存在不符合实际的情况。父母要根据男孩的情况，帮助男孩设定一个目标。即使男孩的目标很幼稚，也不要对其进行挖苦讽刺，而是鼓励男孩说出来，然后帮助男孩进行分析，引导他朝着目标前进。

不过，确定目标时，应该以男孩通过努力可以实现为基础，让他在追求目标的过程中学会自我激励，最后达到目标。另外，父母要根据儿子的实际情况和兴趣爱好，帮助孩子确立奋斗的目标，时时鼓励他为实现理想而努力。确立了理想，还要帮助孩子树立恰当的小目标，循序渐进，促其实现大目标。实现目标的过程，就是男孩掌握自我激励能力的过程。

第七章

培养最出众的男孩

男孩一生最关键的能力向导

青春期是男孩从儿童过渡到成人的关键时期。在这个特殊时期里，父母们不但要关注男孩的生理变化，更要注重对男孩习惯、品质、能力的培养，比如：引导男孩学会把要事放在首位，以便提升做事效率；帮助男孩提高他的自控能力，让他学会自己管理自己；纠正男孩奢侈浪费的不良行为，让他学会勤俭节约；培养男孩感恩、孝顺的传统美德，引导他建立责任感；等等。

引导青春期男孩养成良好的性格、习惯，提高他的各方面能力，对其日后走上社会有着至关重要的作用。所以，父母们一定不能忽视对青春期男孩习惯、品质的引导以及各项能力的培养。

第 40 招

把要事放在“黄金时段”

——如何引导男孩提升做事效率

男孩的困惑

老妈整天说我“瞎忙”，她说我看起来时时刻刻都在忙着做事，但是一件有用的事情也没做完。的确是这样，我玩的时候想着老师布置的作业，写作业的时候又想着玩。回家做一些小事，时间就匆匆过去了，到最后写作业写到晚上 12 点。我怎么才能提高自己的做事效率呢？

一位母亲曾无奈地向朋友讲述了这样一些关于儿子的事情：

我的儿子学习好，长得也帅气，就是有一点不好，做事磨蹭。

每天早晨起床后，我叫儿子去刷牙，他总是会说：“待会儿再去。”然后磨蹭半小时再去。刷牙的时候，他总是缓慢地用牙刷摩擦牙齿，能磨蹭 20 分钟。

开饭之前，大家都会坐到饭桌前准备吃饭，而他却要玩一会儿玩具再过去吃。

儿子上学快迟到的时候，无论你怎么催他加快动作，他都会用不急不慢的语调告诉你：“不着急。”

儿子照这样继续磨蹭下去，将来做事情也会没有效率。我应该怎么帮助儿子改掉做事磨蹭的坏习惯呢？

生活中，有很多父母像上文中的妈妈一样在为儿子拖拉、做事分不清主次的毛病感到烦恼。一般来说，青春期的男孩做事效率差，主要是由以下几种原因造成的：第一，在父母或老师的强迫下做事，男孩自然没有做事的积极性，难免出现心不在焉、拖沓、散漫等状况；第二，无法集中注意力，所以容易形成拖拉的习惯；第三，男孩的时间观念差，分不清事情的主次，处理事情缺乏一定的能力。

所以，父母在了解了男孩做事效率差的原因之后，应采取相应的引导方法，以便提高男孩的做事效率。下面就给大家提供一些有效的教育方法：

方法一：制定“生活日程表”，引导男孩做事分清主次

小军刚上高一，他的妈妈发现他做事特别慢，每天心不在焉不知在想什么。尤其在写作业时，一会儿抠抠鼻子，一会儿转转笔，别的孩子到晚上 8 点就能完成作业，到了小军这里，每天却要磨蹭到 10 点多。这可急坏了旁边陪读的妈妈，打也不是，骂也不是，有时恨不得自己抢下小军的作业本，替他写完算了。事实上，很多时候小军都是把大量的时间用在无关紧要的事情上，而那些需要专心，并且花时间和精力去做的事情，小军就会拖延，以致常常是小事做完了，重要的事情还没做，但是时间已经浪费了。

其实，很多青春期的男孩都和小军一样，之所以做事效率低，完全是因为自己做事分不清主次，不会合理安排时间。因此，对待这类男孩，父母应该为其制定一个生活日程表，贴在他的房间里，每天记录孩子起床、穿衣、洗漱、吃饭等所用的时间。过一段时间后，再看看有没有进步，而且把重要的、必须提前完成的事情放在“黄金时段”，其他时间可安排一些小事。同时，为了提高男孩的积极性，父母可以给他一些奖励，让他为自己的进步感到快乐，这样他就会主动加快自己做事的速度，从而加强时间观念。

方法二：排除无关诱因，让男孩专心做要事

下面是一位男孩母亲的成功育子经历：

儿子今年都上初三了，可是他做起事情来还是拖拖拉拉的，本来10分钟就能做完的事情，他非要耗1个小时。我担心儿子的这种坏毛病会给他带来很多不必要的麻烦，而且浪费时间。所以我规定儿子每次做事只做一件事情，而且要把这件事情做到至善至美。例如我让他帮爸爸擦车，那么就要一心一意做好这件事情，不要去惦记游戏、电影之类的。渐渐地，我发现儿子做事的效率提高了，虽然刚开始一次只做一件要事让他觉得浪费时间，但是后来他自己也发现，当自己尽力做好一件重要的事情时，就会很有成就感，而且根本没有浪费时间，相反还节省了很多时间。

没错，每次只让儿子专心做一件要事，的确有利于他提高做事效率。针对注意力不集中的男孩，其他父母可以学习这位母亲的做法：让儿子尽善尽美地做完一件事情，竭力排除与当时事件无关的因素，使他能一门心思扑在他正在做的事情上。这样，既加快了速度又保证了质量，长期坚持下去，就会改掉他办事效率差的坏毛病。

第41招

一切按“规矩”行事

——男孩自控能力很差，父母如何教育

男孩的困惑

过两天就要期末考试了，可是我的心思还在电脑游戏上。本来我已经下定决心要好好复习，可是一回到家打开电脑，我就控制不住自己的思想和行为，结果一玩又是半宿。为什么我的自控能力这么差呢？我怎么才能管住自己呢？

受激素分泌的影响，男孩大都比女孩更容易产生急躁的情绪，他们讨厌被约束，也正因为如此，男孩常常更让家长们感到头疼。他们总是会给家长惹出很多麻烦，而这些麻烦对于男孩的健康成长是没有好处的，更不利于男孩将来的工作和事业。所以，父母要教育男孩学会自律，控制自己的脾气及行为，告诉他什么能做、什么不能做。

那么，什么是自控能力呢？所谓自控能力是指善于控制自己的情绪，支配自己行动的能力。通常情况下，成年男人的自制力都比较强，但男孩的自控力却比较弱，因此我们常常会看到一些男孩因

为一点不合自己意愿的小事，就乱发脾气，或初到新的环境就会感到害怕，等等。

生活中，很多家长都没有对自控教育引起足够的重视。他们大都认为，男孩随着年龄的增长，其自控能力也会随之提高。但事实上却并非如此，很多青春期男孩自控能力都很差。

下面是一位母亲的亲身经历：

我儿子今年12岁了，但却还像个三四岁的小孩一样，每次带他去逛商场，只要遇见他喜欢的，就朝我要，如果不给买，就会又哭又闹，甚至干脆坐在地上不起来，这让我非常苦恼。一次，儿子又在超市里朝我要东西，这次，我没有妥协，而是任由儿子哭闹，过了一会儿我和儿子回到家里，见儿子的情绪已经稳定了，我就问他："你都这么大了，怎么每次都像个小孩似的呢？你不能一遇到自己想要的东西就这样啊？"

儿子泪眼婆娑地看着我说："可我就是想要，心里特别地想，我有的时候也不想那样的。"

听着儿子的话，我也有些惊奇，于是赶忙去找青少年心理学专家咨询，才知道这是儿子从小缺乏自控意识造成的。心理学专家还告诉我，如果不及时改变儿子目前的这种心理、培养儿子的自控意识，那么，儿子的这种行为到日后就会变本加厉，甚至会影响到他日后的正常生活。

由此可见，父母一定要注重在日常生活中有意识地培养男孩的自控能力，多告诉男孩一些日常生活中的规则，比如游戏规则、交通规则、消费规则等。先从日常生活中教育男孩，比方说不能随地吐痰，不要私拆他人信件，不能闯红灯等；男孩大些了，要告诉他道德准则、法律法规，要求他遵纪守法，让男孩懂得控制自己的行为和情绪。那么，父母该怎样培养男孩的自控能力呢？

方法一：提高青春期男孩的心理素质

确切地说，自控属于一种心理素质。比如在同一种环境和条件下，有些男孩就能很好地把握自己，而有些男孩却不能。因此，父母在培养男孩自律能力的同时，还应着重提高男孩的心理素质，对男孩进行心理训练。一般来讲，家长可以通过一些日常小事对男孩进行训练，比如何时起床，何时就餐，何时到校，何时玩耍，都应有要求、有规矩。在这种规范的约束下男孩就会有意识地克服自己的惰性，努力实现这些目标，然后，由这些日常小事扩大到社会道德、社会责任感的强化。经过训练，男孩的道德水准、意志品质和自控能力都会有明显增强。

晓海是一个初一的学生，与大多数同龄的男孩相比，晓海的自律能力更强一些，这都要归功于他的爸爸，为什么呢？因为从晓海6岁起，他的爸爸就给他制订了一系列的“规矩”，如：吃饭的时候不能东张西望；饭后要帮助妈妈一起收拾碗筷；早上几点钟必须起床；晚上几点前必须睡觉；周末必须要拿出多长的时间用于学习；出去玩耍最晚不能超过几点回家……晓海的生活从小就得到了这些“规矩”的规划，久而久之，晓海也养成了严格要求自己的习惯，现在住校上学的他，依然坚持按照爸爸的规定起床、睡觉。很多孩子都会在周末偷偷溜出去上网，但晓海却从来不去，现在的晓海是同学和老师眼中的三好学生。

方法二：培养青春期男孩自控能力时应遵循循序渐进的原则

和培养男孩其他方面的能力一样，培养男孩自控的能力也是一个循序渐进的过程，不可能一蹴而就，需要家长的耐心与细心。

一次，一位爸爸带着自己的儿子出去玩。当他们路过一个葡萄园时，男孩偷偷地摘了一串葡萄。爸爸看见了儿子的行为，但是并没有当面制止，而是直接带着男孩找到了葡萄园的园主，并且一定要把那一串葡萄的钱给园主。在回来的路上，爸爸还对自己的儿子晓之以理，从此，男孩走过那个葡萄园时再也不去偷葡萄了。

后来，学校组织学生去果园采摘，果园规定只能摘到篮子里，不能边摘边吃，但很多学生都躲在角落里边摘边吃，而这个男孩却没有，他严格按照果园的要求做，任何水果也没偷吃。

出了果园后，园长送给他一份奖品，原来，果园内安装有摄像头，而这个男孩也因此赢得了同学们对他的尊重。

这位聪明的父亲有意识地训练了儿子的自控能力，帮男孩跨出了把握自己的第一步。学习把握自己，让我们的男孩具有良好的自我控制能力，才能使他们成为把握自己生活的主宰，从而拥有和谐的生活、成功的事业。

第 42 招

做任何事都要坚持

——帮助男孩克服做事虎头蛇尾的习惯

男孩的困惑

我做事通常就三分钟热度，我也不知道这是为什么。一开始做起事来我总是兴致勃勃，好像身体里有一股很强的力量推着自己走，可是没过多久，这股力量就没有了，我也失去了继续做下去的兴趣。虽然我也知道坚持就能胜利，可为什么我就坚持不了呢？

美国著名的心理学家威廉·詹姆士曾说过这样一句话：“播下一个动作，你将收获一种习惯；播下一种习惯，你将收获一种性格；播下一种性格，你将收获一种命运。”可见，一种良好的习惯，对一个人的命运的影响有多大。人的习惯大多是在幼年时期养成的，而且一旦养成就很难改变，所以面对男孩身上虎头蛇尾的坏习惯时，父母们十分苦恼。

孙女士在网络日记中这样叙述自己的烦恼：

我的儿子其实挺聪明的，就是做事缺少耐心，没有长性。有一段时间他嚷着要学画画，我们就给他报了美术班，可他学了几周说什么也不肯再去了；后来他又提出要学小提琴，并保证会好好学，开始的时候的确表现不错，老师也经常表扬他，但不到一个月，他又说不好玩、没兴趣，死活不去上课了……渐渐地，我发现儿子做什么事都这样虎头蛇尾，开始时决心很大、干劲很足，但是三天热乎劲儿过去就松懈下来。哎，不知道该拿他怎么办！

孙女士的问题想必也是很多父母都遇到过的。产生这种现象的原因其实比较复杂，从家庭教育角度来看，主要有以下四种原因：一是父母自己做事时就不能善始善终，这样就会影响到孩子习惯的养成；二是孩子本身意志力差，不愿意动脑筋，一遇到困难就打退堂鼓，很难坚持；三是父母要求不严，甚至常常代替、包办孩子本应自己做的事；四是父母要求过高，脱离孩子的实际能力，致使孩子不可能达到要求。慢慢地，你的男孩就养成了做事虎头蛇尾的习惯。

这种做事习惯对一个男孩今后的成长危害是很大的。一般来讲，这样的男孩往往意志力差、心理较脆弱、情绪不稳定、注意力不集中、自理自立的能力差，所以他做事很难取得成功。久而久之，他就会变得自信心不足，甚者会产生严重的自卑心理，这样就会导致男孩做起事来更加不能坚持到底，陷入恶性循环之中。

那么，怎样才能帮助男孩改变这样的坏毛病，养成做事有始有终的好习惯呢？父母不妨借鉴以下方法。

方法一：让男孩明确努力的目标

著名画家朱军山先生从小深受母亲影响，对艺术有着浓厚的兴趣，而且做任何事都会坚持到底。当年，他的母亲经常在家中刺绣，他就在一旁饶有兴致地看，渐渐地，他对绘画萌发了兴趣。当时家中环境并不好，负担不起小军山学画的费用，于是小军山便想出一个绝妙的主意，以大地为布，用树枝做笔，把眼前的风景当临摹的对象。

就这样，他每天都在大自然中上他的“美术课”。

后来，他发现在地上作画与在纸上作画会有很大差异，就开始怀疑自己的努力是否有意义，这时他的母亲对他说：“只有先在地上练好，以后学别的画时才能容易些。只要你坚持，就一定能成功。”在母亲的教导和鼓励下，小军山在画画的时候精力更加集中，态度也更为认真。最终，朱军山成为当今享誉海内外的著名画家。

父母在教育男孩时，一定要让他明确自己努力的目标，从小处着手，本着对每一件事都认真、负责的态度。告诉你的儿子，只有坚定目标，不懈努力，才会取得成功。

方法二：提高男孩做事的自信心，且绝不向他的任性妥协

一个人能否坚持完成一件事，凭借的不仅仅是自身的意志力，还要有源源不断的自信心。自信心是令孩子坚持做事的最大“助推力”，因此父母不妨从此入手改变男孩虎头蛇尾的做事习惯。

当你把某件事交给你的儿子去做时，一定要把具体事宜交代清楚，提醒他在完成任务的过程中可能会遇到哪些困难，并适当地告诉他一些解决问题的办法。让男孩在有思想准备的情况下去做一件事，有助于提高他完成任务的勇气和信心。

培养男孩做事坚持不懈的好习惯是一项长期而艰巨的任务，所以父母也要坚持，不能一时心软对孩子的任性让步。要知道有了第一次就会有第二次、第三次，那样，“坚持不懈”就成了一句空话。

第43招

感恩的心需要生活滋养

——儿子不懂得感恩，要怎么教育

男孩的困惑 

我觉得老爸老妈把我生下来，就有养我的责任和义务，所以接受他们的关爱理所应当。所谓的“感恩”不就是也关心父母、孝顺他们吗？这没什么难，我就是不明白为什么理所应当的事情还让我感谢？

人们常说：“生活需要一颗感恩的心来创造，一颗感恩的心需要生活来滋养。”而家庭是一个男孩最早接受教育的地方，孩子从父母那里得到的不仅是生命，还有怎样去爱身边的人，怎样去爱这个世界。

在一些西方国家，把每年11月的第四个星期四定为“感恩节”。在节日当天，子女都要回家与父母团聚，围坐在一起吃火鸡、南瓜馅饼等美食，以此来感谢父母的养育之恩。中国人讲究滴水之恩，当以涌泉相报，更何况于父母的养育之恩。在佛法中有“报四重恩”一说，其中一条就是“感念父母生养抚育之恩”。然而在现代中国的很多家庭中，父母的溺爱导致家中的“小皇帝”觉得别人的关怀是理所应当的，不懂得感激，只知道一味地索取。

曾经有一位父亲登报要与自己上大学的儿子断绝关系，原因是儿子自从上大学后就没有回过家，也没有真心地问候过父母，平时打电话都是为了“催款”。为了从父母那里拿到更多的钱，儿子甚至还伪造了若干份学校的“收款通知”。最令父亲生气的是，儿子母亲病危时，儿子却以种种学习上的借口拒不返回。寒心的父亲只能当作没有这个儿子，毅然断绝与他的父子关系。

为什么现在男孩的感恩之心会淡漠到如此程度呢？本是世界上最亲近的人，到头来却变成陌路，而且这种现象并不是个别或是偶然。在生活中时常听到父母感叹：“小时候，他是那么可爱，没想到长大后变得这样忘恩负义。”其实，父母不妨反思一下自己的教育方式。

下面就给父母们提供一些引导青春期男孩学会感恩的教育方法：

方法一：让男孩多了解一些感恩故事

一位母亲谈到了这样的教子经验：

我对儿子一直爱护有加，但前几天的一件事，让我感到十分心酸。我生病发烧躺在床上休息，儿子放学回家后，不但没有关心我，反而抱怨我没为他做饭吃。当然，出现这种状况，不能全怪儿子，很大的原因都在我和孩子爸爸身上。为了让儿子学会爱人，我周末硬拉着儿子看了《妈妈再爱我一次》。刚开始，儿子对影片并不感兴趣，但慢慢地他被里面的情节感动了，眼睛里还闪烁着泪光。

从那以后，我经常带儿子去看一些关于“爱”的电影，儿子对我和他爸爸的态度好多了，不但学会了关心我们，还学会了友好地对待别人。

面对一些缺乏感恩心理的男孩，父母可以在生活中讲一些与感恩相关的故事，或观看一些相关的影片、电视节目等，让男孩从中反思自己的行为。

方法二：让青春期男孩先学会付出

英国作家萨克雷曾说过："生活是一面镜子，你对它笑，它也会对你笑；你对它哭，它自然也对你哭。"要教导男孩先学会付出，只有付出才能获得回报。而当一个男孩充分体会到父母那种"施恩不图报"的心情时，他就会深刻理解"感恩"二字的意义，并会以一颗真诚的心感激父母的养育之恩。

一天，洋洋回家对妈妈说："妈妈，今天老师让大家给灾区的小朋友捐款，你猜我捐了多少？"妈妈摇摇头说："不知道。"洋洋得意地说："我跟老师说我没带钱，我没捐。"妈妈疑惑地说："我不是给你零用钱了吗？"洋洋接着说："钱是给我的，我怎么能给别人呢？再说，我又不认识他们。"妈妈很生气，对洋洋说："人的一生中都会有陷入困境的时候，只有你在别人有困难的时候给予帮助，别人才能在你困难的时候伸出援手，没有付出是不会有回报的。"洋洋跑回房间拿出储钱罐对妈妈说："我明天会补上我的爱心。"

这真是一位聪慧的母亲，她懂得如何教育儿子成为一个感恩他人的人。其实，感恩之心不是与生俱来的，它需要靠后天的引导和培养。因此，父母应该教儿子从为他人付出开始，学着做一个懂得感恩和奉献的人。

第44招

有责任感的人才能立足社会

——引导男孩树立责任感

男孩的困惑

我发现周围的很多同学都没有责任心，比如不爱惜公共财物，甚至还有很多男生肆意搞破坏。如果我当面说他们几句，大家就笑话我“假”，我不想变成一个没有责任心的男人，但是我又害怕因此和同学、朋友之间产生不愉快，我该怎么办呢？

责任感是一个人日后能立足于社会、获得家庭幸福和事业成功的重要人格品质。对于一个男孩来说尤为重要，因为他将来要背负更多的责任。作为一家之主，他要承担起养家糊口的责任；作为一个儿子，他要承担赡养父母的责任；作为一个父亲，他要承担教育子女的责任；作为社会的一分子，他更要承担起建设社会的责任……如果一个男人缺乏责任心，就无法担当起自己的职责，无论是对家庭、事业和未来的发展，都有很大的不良影响。

一天早上，上初二的周飞对妈妈说：“今天学校大扫除，我个子高就主动申请了扫屋顶的工作。”妈妈一听便急了，生气地说：“你这傻孩子，扫屋顶要站在桌子或椅子上，那多危险，掉下来怎么办？再说，扫的时候尘土飞扬，吸进肺里对身体不好。”周飞说：“我已经答应了老师，这该怎么办啊？”妈妈帮周飞想出一个“好”主意，对他说：“你到学校后找老师说你不舒服，她就会给你换个轻松的活了。”就这样，周飞在妈妈的教导下逃避了劳动。

现代的家庭教育中，父母过度娇惯、保护孩子，让男孩从小养尊处优、为所欲为、自私自利，缺乏责任感。当他们做一件事的时候，并不会全力以赴，稍有困难就会选择放弃，根本不考虑后果。有些男孩还会为此找借口，推脱责任。这样的男孩长大成人会缺乏对社会和对他人的责任心。

男孩的责任心是要从小培养的，“树大自然直”的想法是不对的。任何一种好的品质与习惯都不是天生的，需要后天的培养。那么，怎样培养青春期男孩的责任感呢？

方法一：让青春期男孩明白责任心的重要性

一位妈妈曾经谈到这样的教子经验：

我儿子上初一，因为他的数学成绩比较好，老师让他和一名成绩不太好的学生结成“互助组”，让儿子经常给他补补课。儿子在开始的时候还挺负责，每天都给那名学生讲解习题，但是时间一长儿子就不耐烦了，不仅扔下那名学生不管了，还向我抱怨说：“他实在太笨了，我都给他讲了两三遍他还记不住。”我对儿子说：“老师让你帮助他，是老师非常信任你，你想一想，如果你扔下那个同学不管了，老师还会信任你吗？你看上个月爸爸获得了公司的先进标兵，为什么爸爸会获奖呢？这是因为爸爸有责任心，公司下达的任务无论多难多重都努力完成，你也应该向爸爸学习。”儿子想了想，点点头说：“妈妈，我懂了，明天我就接着给他补课。”

青春期男孩对于责任两个字其实还没有太明确的概念，所以父母要让他们认识到责任心的重要性，并且给他们做出一个好榜样，通过言传身教的方式培养他们的责任意识。

方法二：让男孩意识到自己的责任，并为自己的行为负责

曾听人讲过这样一个故事：

一个学者在纽约访问的时候，在卫生间里听见隔壁房间有奇特的响动。出于好奇心，这位学者透过门缝向里面探望，这一看使他大吃一惊，原来里面有个 10 岁左右的男孩正在努力地修马桶的水箱。学者经过一番了解才知道，这个男孩上完厕所后，发现水箱有问题，没有把脏东西冲下去，于是他就蹲在那里，千方百计地想修好它。

在没有父母和大人的监督下，男孩竟有如此强烈的责任感，我们不得不为之感叹。但是很多父母常常抱怨自己的儿子没有责任心，其实他们的责任心正在被父母亲手扼杀。

每个人都有一种积极向上的内在趋势，青春期的男孩也不例外。因此父母要密切关注他、鼓励他、扶植他，而不是越俎代庖，帮他去做。例如在生活中适当地给男孩安排一些家务，让他明白每个人都有自己的角色和任务，这样有利于男孩责任感的培养。另外，培养男孩责任感的同时还要让他学会为自己的行为负责，尤其是对于自己犯下的错误。例如，男孩把同学的文具弄坏了，必须教导他勇于承担错误并做出相应赔偿。只有这样，才能培养出男孩的责任心，使他对自己负责、对他人负责、对社会负责。

第45招

没有人天生就是领导者

——如何引导男孩告别平庸，走向不凡

男孩的困惑

我从小就希望自己能统领千军万马，所以每到一个新团体，我就渴望成为别人的头头。但是很多时候并不是所有伙伴都愿意听从我的命令，而且他们之间一发生问题我也不知道怎么解决，渐渐地我在大家心中的威信减弱了。真不知道有什么办法可以提高我的领导能力。

美国著名的体育运动心理中心主席安德逊教授认为：领导人不是天生的。他和那些运动员、学生、军校学员和公司经理一起工作相处过，于是他确信领导人是造就出来的。而男孩因为体内睾丸素的作用，天生就具有领导欲，假如父母能够好好开发和培养青春期男孩的领导能力，那么相信当社会变革、国际交流、个性发展等诸多挑战与机遇降临到男孩的面前时，无论他是否处在领导者的职位，他都能凭借自身良好的能力巧妙地应对。

人们或许会认为，有些男孩子是天生的领袖，而其他人注定是

随从。但事实上，就像安德逊教授认为的那样，领导者不是天生的而是后天造就的，即一个男孩能不能成为伟大的领袖，取决于他的父母如何引导和培养他。

一天，11 岁的儿子看了西班牙斗牛表演，兴致盎然地对爸爸说："长大了我要做个斗牛士。"爸爸却对此不屑一顾："你难道不知道这有多危险？很容易丢掉性命的。"儿子任何不切实际的想法，都被爸爸打入了冷宫。这样时间一长，儿子就不再对那些富有激情的事情感兴趣了，而且开始变得毫无主见，行为也越发地懒散和被动了。

由此可见，父母的引导对于青春期男孩领导能力的提高起着很重要的作用。因此，父母要善于抓住机会锻炼男孩，有意识地把男孩培养成"领头羊"。

方法一：鼓励男孩多学习一些知识

要想培养男孩的领导才能，首先应培养男孩成为一个博学多才的人，只有这样，男孩才能在他人面前更有权威和号召力。不仅如此，男孩还能够将自己所学的知识运用到实践中去，从而更好地解决自己生活中遇到的问题。

李博今年 12 岁，从小他的妈妈就有意识地培养他多学习各种知识，经常带他去海洋馆、科技馆参观，还给他买了很多书籍。渐渐地，李博养成了好学的习惯，现在的李博在班里是个名副其实的小百科。

一次，学校准备挑选一批学生去香港小学与那里的学生进行交流学习，李博因为博学多才而入选，后来又被评选为学习交流小组的组长。对于这个结果，小组内其他的学生无一反对，因为他们都认为李博懂的事情非常多，能够胜任。

由此可见，父母若想培养男孩的领导能力，首先应引导男孩认真学习，积累知识，并不断地学会运用知识，成为一个博学多才的人。

方法二：给男孩积极的肯定，并引导他积极地思考

男孩内心深处都有当“头”的欲望，所以培养他的领导能力的第一步，就是给他积极的肯定，不断增强他的自信心，并引导他积极地思考，进而培养他处理事情的能力。

一天，上初一的李昊和朋友踢足球输了，原以为一直在旁观战的爸爸会说：“唉，你太笨了。”万没想到，爸爸边替他擦汗边夸奖他：“儿子，你带球过人的技术真棒，奔跑很积极，如果再加强射门练习，会踢得更好。”接下来，爸爸让李昊把这次比赛中自己表现的优缺点写下来，找出自己的不足。李昊通过仔细地回顾比赛，发现自己在射门的时候表现得比较弱，于是爸爸就针对他这一弱点，对他进行了射门训练。现在，李昊不仅是足球队的前锋，还是小区里的孩子王，一呼百应。

父母积极的肯定，就像一剂强心针，打在男孩的身上，瞬间就给他注入了强大的力量和信心，例如儿子考砸了，你没有批评他，而是鼓励他说：“这次总成绩虽然考得不好，但是你的英语成绩非常棒。以后只要在语文上多下些功夫，我相信你一定能进前三名。”说不定正是你的这句话，才使得儿子开始发奋努力，后来真的考进了前三。

父母在鼓励和肯定青春期男孩的同时，更要教会他如何思考问题，运用哪些办法解决问题，这样才能一点一点地把男孩体内的领导潜力激发出来。

第46招

用积极的心态反思错误

——如何引导男孩学会自我反省

男孩的困惑

今天因为和同学产生了一些矛盾，我们就打了起来，老师让我们请了家长。回到家之后，爸妈先是骂了我一顿，然后把我关进房间反省。又骂又打，还关禁闭，让我怎么反省？就算我已经认识到自己的错误，对于父母的这种做法也很反感，真不知道他们怎么想的。

在家庭教育中，我们常会发现这样的问题：当男孩犯错后，父母打也打了，骂也骂了，但是教育效果却微乎其微，而且孩子可能重复犯同样的错误，这也是令家长们最难以接受的。有些父母不免开始怀疑自己的教育方法，也开始怀疑孩子的品行。对于这样的情况，父母其实只要再做好一项工作就能达到教育的效果了，那就是传递给男孩一个好习惯——用积极的心态去反思错误。

爸爸给了上小学五年级的儿子健康两条金鱼，健康很是喜欢。一天，健康突发奇想把金鱼从鱼缸中捞了出来，丢在地上。看着金鱼不停地跳动，健康觉得很有趣。“健康，鱼会干死的，你怎么能这么残忍，快放回去！”妈妈看到这一情景，大声训斥健康。健康对妈妈的话无动于衷。妈妈见状要去打健康，被一旁的爸爸拦住了。爸爸说：“健康，如果你口渴时不给你水喝，你会有什么样的感觉？”健康不假思索地说：“当然很难受了。”爸爸又说：“鱼儿和你一样，没有水会很难受。而且鱼一直生活在水中，它们比人类更需要水，一旦缺水，很快就会死的。你看它们拼命地翻动，就是因为太难受了。”健康看着奄奄一息的金鱼沉思了片刻，对爸爸说：“我知道错了，我以后再也不会把金鱼丢在地上了。”说完就把金鱼放回鱼缸中。鱼儿又能在水中自由地畅游了。

故事中的妈妈对于儿子的错误只是一味地责备，很明显教育效果并不理想。而爸爸循循善诱、晓之以理动之以情地引导儿子自我反省的方法，使健康对自己的行为做出判断，认识到自己的错误，并发自内心地接受教育，改正错误。

大多数父母面对男孩的错误时，只是一心想着孩子能立刻改正，而不会想到他下次是否还会犯同样的错误，因而忽略了让男孩养成反思错误的习惯。反思错误是一种内在的人格智力，是自我认识、自我完善、自我学习的过程。对于少年时期的男孩而言，他还没有形成完备的自我意识，自我反省能力还处于萌芽阶段，还需要父母适当引导，使之养成在错误中反思的习惯。

方法一：善用“诱导自省法”

“诱导自省法”又叫冷处理法。顾名思义就是当孩子犯错后，不要急于纠正或进行教育，而是将孩子的错误先搁置一边，等待时机成熟时再稍加引导，让孩子自我反省。这样的教育方式不仅能让男孩养成良好的反思习惯，还能使父母与男孩之间实现有效的沟通。

一天，妈妈带 13 岁的儿子秦南到姑姑家做客，秦南不小心把姑姑家的花瓶打碎了。姑姑问是谁打碎花瓶的时候，秦南因为害怕被姑姑责骂，便说不是他打碎的。秦南的妈妈知道这件事是儿子做的，因为他是一个好动的孩子，在家也经常打碎东西。但是妈妈没有揭穿秦南的谎言，而是装出一副相信的样子，一直没有再提这件事。等到空闲时，妈妈就有意识地给秦南讲诚实守信的美德故事，等待儿子主动认错。后来，妈妈又领秦南去姑姑家，秦南胆怯地对姑姑说："上次我撒谎欺骗了你，那花瓶是我打碎的。"姑姑看着羞愧的秦南，笑着说："没关系，敢于承认错误就是好孩子。"

父母们都应该向故事中的妈妈学习，引导男孩去反思错误。通过男孩自我认识错误而改正，要比通过正面教导而改正效果更好。要针对男孩的思想状况、错误类型，对孩子进行启发式教育，逐渐培养男孩的自我反省能力。

方法二：让男孩学会总结经验教训

很多父母喜欢越俎代庖，帮自己的儿子总结经验教训。这无疑会掺杂进父母的人生观、价值观，既剥夺了男孩自我反省的空间，又影响了他独立的思想。总结是反思错误的根本，让青春期男孩学会总结，其实就是帮他们用积极心态反思错误。例如：男孩把别人心爱的玩具抢过来，因而遭到其他朋友的排斥，父母可以提醒男孩要换位思考；当他第二次抢的时候就会想到"要是我的玩具被抢了，心里一定很不舒服，我也不会理他了"，男孩就不会再抢玩具了。这就是反思的效果。

父母要教会青春期的男孩将过程和结果结合在一起考虑，反思上次错误的原因与结果，当再次行动时他就会有判断对错的依据和准则了。

第47招

应变能力让男孩临危不乱

——如何培养男孩紧急应变的能力

男孩的困惑 

周末我和哥哥一起去商场，可是在我们搭乘电梯的时候，电梯突然在半路坏掉了，我和哥哥被困在了里面。虽然我已经15岁了，可是遇到这种状况还是吓坏了，竟然放声大哭了起来。哥哥一边安慰我，一边按响了警铃，并且嘱咐我一些注意事项。得救之后我就一直在想，什么时候我也能像哥哥一样在危急时刻不慌乱呢？

现实生活中，很多父母认为青春期男孩的应变能力根本不需要培养，他们自然就拥有了，但事实上，是这样子的吗？

男孩早晨上学时天气好好的，到中午放学时却下起了雨，这时男孩该怎么办？男孩与几个同学约好了一起去书店买书，结果男孩到了书店后，其他同学一个人也没来，这时男孩该怎么办？男孩放学到家后准备拿钥匙开门，却找不到钥匙了，这时男孩该怎么办？男孩一人在家时，家里来了客人（甚至可能是男孩不认识的人），这时男孩又该怎么办？一家人正准备去商场给男孩买书包时，却来了一个不速之客，使得一家人不得不取消计划，这时男孩该怎么来对待这件事？……诸如此类的事情每天都发生在我们的身边，而这些事情就涉及男孩的应变能力。如果男孩没有很好的应变能力，那么就不能很好地处理这些突然发生的变化和预料之外的情况。所以，父母应当培养男孩相应的、必要的应变能力。

一次，12 岁的小明和同龄的小亮约好了去游乐场玩耍，结果到了游乐场，迟迟未见小亮。这时小明决定给小亮打一个电话问问，看他到底还来不来。于是，小明拨通了小亮家里的电话，接电话的是小亮的妈妈，她告诉小明，小明和他爸爸很早就出门了，可能是路上堵车吧。

于是，小明又跟小亮的妈妈要来了小亮爸爸的电话，拨通电话后，小明得知，果然小亮他们是因为路上堵车耽误了。

上面这个故事中，小明遇到了很多突发事件，先是小亮没能及时赴约，随后打到小亮家又未能找到小亮，最后还是要到了小亮爸爸的手机号才联系上了小亮。从以上突发事件里小明的反应中我们不难看出，小明是很具应变能力的，他没有慌乱，而是冷静下来，试着联系小亮，并询问小亮未能及时赶到的原因，以此来安排自己接下来的事情。

应变能力能够让男孩适应瞬息万变的世界，面对突如其来的情况临危不乱。而长期生活在父母身边的男孩，被父母保护得很好，这个时候，父母可能意识不到应变能力对男孩的重要性，但当他长大成人走向社会后，就会遇到越来越多的突发情况。如果到时候再去学习，就显得太迟了。

方法一：培养男孩随机应变的灵活思维

培养男孩随机应变的灵活思维，孩子遇到突发事件时才会冷静、不慌张。

刘海刚刚 11 岁，他虽然小，遇事却能随机应变不慌张。有一次，刘海与爸爸正在院子里玩，看见邻居家一个比他大的女孩哭着朝自己家跑来。刘海经常与这个姐姐玩，他赶忙迎上去，那个姐姐说她妈妈要打她，说完就跑进里屋藏了起来。正在这时，那个女孩的妈妈手里拿着一把笤帚进了院子，问刘海的爸爸看到她闺女没有。刘海的爸爸刚要说话，刘海忙把话接了过来，“去那边了。”刘海指着正西的方向说。那个女孩的妈妈就走了。小女孩免了一顿揍，后来还向刘海道谢呢。

父母要注意培养男孩随机应变的灵活思维，这样才能增强他遇事时的应变能力。但是，父母要让青春期男孩分清应变能力与说谎的区别，不能把两者混淆在一起。

方法二：让男孩多参加一些具有挑战性的活动

父母应有意识地让儿子去做一些有难度的事情，或者参与富有挑战性的活动，这样孩子在实际的锻炼中，通过自己的积极思维、亲身实践，应变能力就会在不知不觉中得到锻炼与加强。

文杰虽然已经进入青春期，但是身材还是比较矮小，13 岁的他个头就像 8 岁小孩子一样。文杰个头不高，胆子也不大，遇到什么事情只会退缩。爸妈试了很多方法改变他都不见效。最后，听人说让孩子多参加一些挑战性的活动可以提高小孩的胆量与应变能力，父母就带着文杰去参加一些有难度的活动。开始时文杰还是胆小，后来在参加一项登山活动时，文杰尝试着爬上了一个陡峭的山峰，他的勇气立刻增加了很多。以后再遇到困难时，文杰也有了很强的应对能力。

父母要经常带男孩去参加一些具有挑战性的活动，让他在活动中增强动脑、动手的能力，必要时父母应给予正确的引导。锻炼的次数多了，男孩的应变能力就得到了培养和加强。

第48招

自己的事情自己做主

——如何培养男孩自主选择的能力

男孩的困惑

我不喜欢和爸妈一起去外边，因为他们总喜欢替我拿主意，像吃什么买什么，都是他们说了算。我真想大声告诉他们：我已经长大了，我可以自己做选择！为什么他们听不到我的心声呢？

曾任谷歌、微软全球副总裁的李开复说："在今天这个瞬息万变的时代里，人们对人才的定义发生了很大的变化，因为，在现代化的企业中，有更多的人享有决策的权利，有更多的人必须在思考中不断创新，也有更多的人有足够的空间来决定要做什么、要怎么做……大多数人的工作不再是机械式的重复劳动，而是需要独立思考、自主决策的复杂劳动。所以，今天大多数优秀的企业对人才的期望是积极主动、充满热情、灵活自信。"

没错，随着时代变迁，今时已不同往日，现在的社会是"自主选择"的社会。在这个世纪里，人们将拥有更多的选择，他们必须积极地管理自己。时代变了，对人的培养模式也要相应地随之而变。

对于生活在当代的年轻人来说，他们长大后将要面对更多的竞争，他们必须自己去选择行业、公司、上司，选择是独自创业还是入职……简言之，成年男人每天都要面临无数的选择，小到穿什么，大到求职就业、婚姻家庭生活。因此，他们需要很强的独立性、责任感、选择能力、判断能力来对此做出选择。所以，父母们应当多培养和引导男孩的自主选择能力，不要什么事情都帮他安排好，不要让他按照你们的意愿去生活，而是应当让男孩自己去做选择。

下面就给父母们提供一些教育方法：

方法一：留给男孩独立的空间让他自由成长

下面是发生在一位母亲身上的故事：

我 32 岁那年才有的我儿子，因此，我儿子从出生起，就备受全家人的疼爱。基本上，儿子想要的东西没有不满足的。为了让儿子生活得轻松一些，全身心地投入学习，他所有的事情也都是我们安排的。

小学的时候，我们给他安排了要考什么初中；上了初中后，我们又安排儿子去补课，告诉他该考什么高中；上了高中，我们又告诉儿子，要学理科，高考的时候报什么大学；上了大学之后，我们又告诉男孩我们已经给他安排好了出国留学。

现在儿子已经留学回国了，但他却迟迟没有去找工作，长期以来，我们一步一步对儿子“妥善”的安排，已经让儿子完全丧失了选择的能力。我问他："国外有一份很不错的工作，为什么不留在那边呢？"没想到儿子却说："事实上，有很多份不错的工作，可是我不知道该选择哪一份，后来想干脆还是回国吧，你和老爸一定会帮我安排的，我又何必自己选择呢？"

为什么会发生这种情况呢？这与中国父母对男孩的溺爱及错误

的教育方式是脱不了干系的。大多数中国的父母生怕男孩在成长的道路上受一点挫折、伤害，习惯了使用越俎代庖的方式，替男孩设计人生；与此同时，中国的男孩也习惯了对父母的安排言听计从，甚至如果没有父母的安排他们会感到手足无措，不知道该怎么办，至于“选择”二字根本就没有在他们儿时的字典中出现过。

一个男孩如果没有足够的自由发展空间，没有足够的实践，将来需要做出自主选择的时候就很可能束手无策。

所以，聪明的父母应该从小就培养男孩自主选择的能力，给男孩多一点属于自己的空间。比如，每天给他一段自己可以支配的时间，只要不出危险，可以自己安排最愿意做的事。男孩可以利用属于自己的时间出去玩耍、看书、画画……即便他只是静静坐着发呆，久而久之，他也能够学会安排和计划。

方法二：给予你的男孩足够的信任

生活中，还有很多家长出于对家里“独苗”的关爱，包办了儿子日常所有的事情，从早晨起床、吃饭到上学、回家、做功课，能想到的、能做到的都替男孩做了。从表面来看，这是关心男孩的表现，实际上却培养了男孩的依赖性，这种依赖让男孩主动选择了放弃。

其实对于生活中的大部分男孩来说，他们并非喜欢现在这样完全依赖于家长的生活，他们在内心深处也非常渴望父母能够信任他们，将选择大权交给他们自己，让他们自主地选择。如果父母能够经常说“你能自己做出选择”、“我相信你能办好”之类的话，男孩就会大胆去尝试。

因此，父母应该首先要相信你们的男孩，要懂得倾听男孩的心声，并尊重他的想法，让男孩自己做出选择，然后给予合理的建议并加以指导就行了。

第 49 招

会记账的孩子最会理财

——男孩不会理财，父母该怎么做

男孩的困惑 

有时候拿到一大笔零用钱，还真不知道怎么花，因为该有的我都有了，这些零花钱根本用不到，我又不想给父母。原本我打算用这些钱去做投资，可是我一个高中生，对理财这一方面真的不太懂，我该怎么办呢？

俗话说："授人以鱼，不如授人以渔。"父母不仅要给儿子积累财富，更重要的是培养男孩创造财富和管理财富的能力。更何况，在市场经济和商品社会中，一个人的理财能力直接关系到他一生的事业成功和家庭幸福。

不过，男孩学会理财的第一步，就是要对金钱有一个正确的认识，这样才能更好地理财。其实，对于绝大多数青春期男孩来说，他们对金钱最初的欲望都体现在购买欲上。从刚懂事起，他们就开始向自己的父母要这要那——吃的、玩的等。这时，他并不知道钱到底是什么，他认为钱就是从父母口袋里要出来的，可以用来购买很多他渴望的东西。

依上所述，父母应该给男孩先上一堂“金钱教育课”，就是告诉他们钱是怎么来的！接下来，父母不妨参考美国家长的一些教育孩子的理财方式，从中学习借鉴：

1. 教男孩认识各种货币的价值及其使用方法。

2. 教男孩养成储蓄观念并合理使用自己的积蓄。父母除了供给儿子最基本的生活必需品之外，有些消费可以让儿子用自己的积蓄去开支。例如，孩子想买网球拍、自行车或去旅游等。

3. 在金钱的使用方面，教男孩学会分享，体验捐献和助人的喜悦。

4. 学会精打细算，不乱花钱，不浪费钱财，并且教男孩学会通过正当手段去获得一些收入。

5. 有的家长也用金钱作为奖赏来养成孩子的良好行为。另外，父母应十分注意用自己的理财观念和消费行为来影响孩子。

当然，除了以上这些理财方法，父母还应根据自己家庭和儿子的情况做出其他方面的引导。

方法一：用“记账”的方式引导和提高男孩的理财意识

现实生活中，很多父母都会这样责怪自己的孩子：“钱在你手里怎么花得那么快！”这样的抱怨对于那些花钱大手大脚的男孩父母来说更是见怪不怪了。那么，孩子的钱到底花在了何处呢？对于这个问题，很多男孩都说不出个所以然来，面对这种情况，父母能有什么对策呢？有一个方法不妨尝试一下——教男孩记账。

13 岁的男孩豆豆对金钱没有概念，因此也不懂得珍惜物品。上学一个月的时间，他就用了六七块橡皮、二十多支铅笔，还有五六支钢笔不知道哪去了。对于豆豆的这些毛病，他的父母用过各种办法帮他改正，但效果不佳。后来，他的父母听朋友介绍，说让孩子学会记账可以有效地避免孩子浪费的习惯，豆豆的父母便决定试一试。

经过一段时间的记账学习，豆豆不但学会了节约花销，还学会了尊重劳动。而且，豆豆自从学会记账，还改掉了吃饭时拨拨撒撒的浪费行为，有时还一副老夫子的样子“教育”父母说：“一颗汗珠掉在地上摔成八瓣，我们才有今天的饭菜，你们要懂得珍惜。”时不时豆豆还会抱着妈妈的脖子说：“谢谢妈妈给我煮饭！谢谢妈妈送我上学！”

转眼间，豆豆已经念初中三年级了，现在的他是一个生活朴素从不与人攀比的好孩子。

当男孩学会记账后，他就清楚自己的钱花在哪了，并慢慢意识到哪些钱是该花的、哪些钱是不该花的。这对于培养男孩的财商很有益处，也有助于男孩从小养成良好的消费习惯。所谓“会记账的孩子最会理财”，说的正是这个道理。

教育界有一句经典：“一吨的口头教育也比不上一盎司的感性认识。”意思是说，千万句枯燥的说教怎么也比不上一次亲身经历的认识来得更深刻。所以，要想让男孩真正从小拥有理财能力，父母就要给青春期男孩一些独立运用金钱的机会，切切实实地让他弄明白金钱是如何流入流出的，并体会如何才能利用金钱为自己创造价值。记账，是让男孩参与自己消费活动的最直接方式。

方法二：培养男孩的经济头脑，教男孩投资

在中国的传统观念中，是不鼓励让孩子过早地接触金钱的，认为这会让孩子的思想被铜臭气息所侵染，变得唯利是图。因此，很多与金钱有关的事情都被父母们包办、代劳了。反观现实社会，许多年轻人由于缺少经济头脑，只会花钱不会合理理财，更不用说让他投资生财了，有的甚至生活窘迫，不得不成为啃老族。

培养男孩的经济头脑，也就是培养他投资理财的能力。当你的男孩对金钱有了足够的认识并有了一定的储蓄时，不妨适时地教给他一些投资的方法和技巧，这对他今后的成长来说也是十分必要的。

男孩汤姆10岁生日时，要求妈妈送给他一台割草机。妈妈虽然有些疑惑，但还是爽快地答应了他的要求。那年夏天，汤姆以替邻居割草赚得了500多美元。这时，爸爸建议他用这笔钱学做投资。于是，汤姆在爸爸的帮助下购买了耐克公司的股票并因此获得不小的收获。从此以后，汤姆对股市产生了浓厚的兴趣，开始阅读和学习相应的财经知识，小小年纪就成了一个理财高手。

作为青春期男孩的父母，我们千万不要认为男孩是未成年人，就没有必要培养他的经济头脑或是灌输他投资观念。男孩的探索欲是非常强烈的，当他知道可以用一些方法使财富变得更多更大时，他就会对理财充满兴趣，并为之积极努力起来。而且一个具有经济头脑、会投资的男孩在未来竞争激烈的社会中生存能力会更强，事业和生活的领域也更加开阔。

第八章

陪男孩共度叛逆期

防范男孩走上“人生歪路”

青春期的男孩存在太多叛逆问题，甚至让父母们不堪其扰，但责骂、忽视都不是解决问题的最佳方法。父母不要妄想青春期的男孩能多听话，其实不听话是正常的，太听话反而不正常。所以父母也不必太担心，把叛逆妖魔化。

孩子叛逆有时并不完全是孩子单向的行为。简单地讲，这是一种作用力与反作用力的关系。没有从不犯错的孩子，如果我们换个思路，多从孩子身上发现他可贵的、积极的一面，多赞赏他的正确行为，反而会在孩子心里产生正向的促进作用，让他很快乐地自觉约束自己的行为。所以，我们必须有耐心，在坚持原则的前提下，允许孩子犯错，也给他改变和成长的时间，让孩子感受到父母的信任和尊重。

第50招

“妈！我不愿意去学校！”

——如何帮助男孩克服厌学情绪

男孩的困惑

自从上了初中后，我就觉得以前好学习的我突然变得懒惰起来，开始有意地拖延和逃避做作业，而且现在面对学习我有一种莫名的畏惧感。我不知道为什么曾经对书本深深着迷的我，现在开始对课本和学校厌烦起来。

一天，一位焦虑不安的母亲走进了某家儿童医院的青春期心理门诊室，身后跟着的是她垂头丧气的儿子。这位母亲对心理门诊的专家说：“我儿子最近不知道怎么回事，一回家就说头疼，一头疼就不能上学，现在已经休学在家。我带他去很多大医院做了各种检查，也花了很多钱，可就是找不出孩子头疼的原因。医生建议我带着孩子看青春期心理门诊。”

心理门诊的专家们马上针对这个男孩的状况做了相应的心理测试，最后得出的诊断结果是男孩患了厌学症。

其实，厌学情绪在青春期的孩子中间非常普遍，而且他们还常常表现出明显的身体变化，例如失眠、头痛、头晕或者睡眠障碍、胸痛、胸部憋闷或者腹痛，厌学严重者甚至伴有乏力、心慌、心悸、恶心呕吐等症状。这些状况其实都是由男孩的厌学情绪引起的。

其实大部分青春期男孩产生厌学情绪，都是家庭教育的失误造成的。比如有些父母过多地给青春期男孩施加学习压力，有些父母总是用批评、斥责甚至打骂的方式来惩罚孩子的错误，有些父母过多关心孩子的学习成绩而忽略了他们内心的感受，还有些父母给自己正在上初中或高中的儿子设定不切实际的目标，等等。所有这些都会给青春期男孩造成很大的压力，导致厌学情绪在他们心里滋生。

因此，父母要帮助男孩克服厌学情绪，就要学会对症下药，从改变自己对孩子的教育方法开始。

方法一：让青春期儿子多体验学习的成就感

一位母亲的教育经验是这样的：

一天，上初二的儿子回到家后顺手把成绩单放在了客厅的茶几上，就回屋上网去了。我看到儿子成绩单上数学成绩那刺眼的50分，心里很着急，但我没有像往常那样批评儿子玩心重、不知道学习，而是等自己情绪平稳之后，走进了儿子的房间。

正在上网的儿子看了我一眼，什么话也没说，转头继续上网。我把儿子的电脑转向我的方向，然后开玩笑似的对他说："上次数学35分，这次居然50分，你小子是不是偷偷瞒着老妈用功了。"儿子不好意思地说："我以为你会骂我。"我笑笑说："妈妈怎么能骂你呢，你看你只是稍微认真学一下，成绩就能提高这么快，这说明你很聪明。如果下次考试前，你比这次再多一些时间用在学习上，我想你提高得更快。"那天晚上，儿子学习特别认真，而且以后每天放在学习上的时间也逐渐多了起来。

可能很多父母认为，男孩是因为厌学而学习不好，其实不然，他们是因为在学习上找不到成就感而厌学。学习本身就是一件枯燥的事情，比如翻来覆去地背诵，数不清的测验、考试，“两点一线”的固定生活，这些就像我们成人的工作流程。如果这项“工作”不能带给自己成就感，那么久而久之自然会产生厌倦感。

因此，父母应该多让男孩体验学习带给他的成就感，同时不要对孩子抱的期望过高，例如只要男孩有一点进步，我们都应该抓住机会肯定他的进步，鼓励他继续努力。

方法二：多给男孩“减减负”，而不是“加加压”

有一个成绩优秀的男孩在自己的微博中这样写道：

谁说学习好的男生就不厌学，我每次考试都班级前三名，可是我对学校、对课本、对考试都厌烦透了。别人羡慕我优秀，可谁又能知道我拼命努力就是为了早日脱离苦海。父母、老师给我的压力太大了，我只想去一个离家最远的大学，然后过自由、轻松的日子。

看了这名优秀学生的微博，可能很多男孩的父母觉得不可思议：为什么学习好的孩子也讨厌上学呢？其实，学习优秀的孩子同样具有压力，而且有时他们的压力比那些学习差的孩子更大，因为父母对他们的期望太大，给他们定的目标也比较高，于是这些压力就造成了他们的厌学情绪。

所以，父母们要想改变男孩的厌学情绪，就应该学会给男孩减压，对他们的期待不要过高，这样才能帮助那些备感压力的孩子卸掉一些学习压力，让他们轻松上阵。

第 51 招

“我要修理那小子”

——男孩喜欢打架、骂人，怎么办

男孩的困惑

上周日隔壁班的张卫竟然骂我，我二话不说就揍了他一顿，男人就应该靠武力解决争斗，只有拳头打出来的天下别人才会服气。可是，爸妈和老师都说打人是野蛮的行为，是不对的。后来，我也意识到自己的错误，可是再遇到有人找茬，我还是想动手，怎么办?

现在 10~18 岁的青春期男孩大多都是独生子，是家中的大宝贝。他们在父母的百般呵护和溺爱中长大，往往比较任性。当他们与别人的意见发生分歧时，就会出口骂人或动手打人。打架对处于青春期的男孩来说不过是家常便饭。

一位男孩的妈妈在网络日记中这样写道：

昨天，儿子的班主任又找我谈话，说儿子在学校打架把人打伤了，而且还伤得不轻。其实，儿子好斗的性格我知道，只是没想到这次会把人打伤。好在对方的父母比较开通，没有深究，但我的心里还是很不安。

晚上，我问儿子："为什么打架？"他理直气壮地对我说："开始我没有要跟他打架，是他缠着我说要练练，后来我控制不住就打他了，谁让他没本事被我打伤了，还去告诉老师！"我说："你打人还有理了！人家找你玩，你出手那么重。你要是被别人打坏了，你难道不去告诉老师吗？大家都是同学，应该好好在一起玩，再怎么样都不能打架，就算闹也要注意一点，伤到谁都不好，知道吗？"儿子点点头说："以后我注意，不打架了。"

类似跟儿子这样的对话，其实已经发生过很多次了，他说不打架了也就是嘴上说说，回头又不记得了。唉，希望这样的事情以后不要再发生。

其实，很多男孩的父母都会有这样的经历：因孩子打架被老师叫去谈话，又要为儿子向对方赔不是，而儿子对此却不以为然，满口承诺却屡教不改。不少男孩的父母们也伤透了脑筋。

男孩子天生喜欢征服别人，喜欢用拳头证明自己的勇敢，这对于一个男孩来说也是无可厚非的，但是也不能因此而放纵自己到处惹是生非。对于那些屡屡犯戒、打架成性的男孩，父母还是要及时选择恰当的方法进行教育，不能让他成为一个"暴力分子"。

方法一：为青春期男孩营造和谐的家庭氛围

13 岁的小刚经常欺负邻居们的小孩子，邻居们也没少上门告状。一天，张阿姨家的孩子被小刚打了，她打电话给小刚爸爸让他好好管教儿子。晚上爸爸下班后，进门第一件事就是把儿子小刚从房间里拎出来，不由分说地打了一个耳光，并对他说："你又出去给我惹事,今晚不许吃饭,看你长不长记性。"小刚恶狠狠地看着爸爸说："不吃就不吃！"然后跑回房间把自己锁了起来。第二天，小刚又找到张阿姨家的孩子，打了他一个耳光，并威胁他说："你妈要是再到我家告状，我就天天揍你！"……

男孩子喜欢打架，很大原因是受父母和家庭的影响。有少数父母本身举止就不文明，双方爱争吵、打架、摔东西，久而久之，孩子潜移默化中就模仿了父母的恶习。另外，还有些父母对男孩的教育方式比较粗暴，对于孩子的过失非打即骂。一个在打骂中长大的男孩，自然会形成只有用暴力的方式才能解决问题的思想。所以，父母想要让自己的儿子行为文明，就要从自身做起，为他营造一个和谐的家庭氛围。

方法二：认可青春期男孩的感受，不强迫他道歉

有一位父亲的教育经验是这样的：

我年轻的时候也曾经很冲动、爱打架，所以我非常了解现在14岁儿子的感受。男孩子青春期的时候精力充沛，难免会在冲动之下做错事，但我从不强迫他道歉，而是引导他让他意识到自己的错误，然后学会怎样控制自己。我发现这种教育方法很有效，他慢慢地就真的懂得如何控制自己的不良情绪了。

青春期男孩打架其实是他的一种情绪宣泄的方式，如果父母只是一味责备，就会增强男孩的逆反心理，甚至令他厌恶父母。面对这种情况，父母应向孩子表明你能理解他的感受，并要清楚地告诉孩子："你打架的行为是错误的，是父母不能容忍的。"谈话时也要避免过长的训导和讲道理，因为这会使孩子一头雾水，不知所云。

另外，也不要强制性地让男孩道歉，可以换一种方法，比如父母直接向被打同学道歉，并表示关心。这样的效果会好些，孩子会以父母为典范，慢慢改正自己的错误。

第52招

“男人就该有点男人样！”

——儿子为什么突然学会抽烟、喝酒了

男孩的困惑

我打算成年后再吸烟喝酒，可是很多玩得比较好的朋友现在都是“烟不离手、酒不离口”，而且他们还要我加入，如果我不合作他们就说我不够意思、没有男人样，我该怎么办呢？

现在每天在中学校门口，我们最常见的就是三三两两的男孩子放学后聚在一起吞云吐雾，他们觉得嘴里叼根烟根本没什么稀奇，至于喝酒那更是每个“男人”都应该会的，吸烟、喝酒在青少年中间十分流行。

曾经有一份调查资料显示，初、高中生的吸烟、喝酒率每年都在大幅度上升，而且吸烟饮酒对青春期孩子的生理、心理健康危害很大，因酒后滋事的青年犯罪率也随之不断上升。因此，青少年吸烟、喝酒的现象必须引起我们的重视。

许多研究青少年行为的专家认为，大多数男孩子吸烟、喝酒的行为不是天生的，主要是受生活环境的影响。他们产生吸烟饮酒的

心理原因有以下几种：

1. 好奇心作祟：青春期男孩好奇心强，看别人怡然自得地喝酒、吸烟，自己便想亲自体验一回。

2. 模仿心理驱使：青春期的男孩大多以成人自居，看到家中长辈吸烟饮酒，于是认为“吸烟喝酒才是真男人”，便模仿起来。

3. 人际交往的需要：吸烟、喝酒是中国人际交往中不可缺少的内容，因此很多男孩也学会了见朋友先递烟，然后在酒桌上交流感情。

4. 叛逆心理作祟：很多青春期男孩都对正面宣传产生逆反心理，越是不让吸烟喝酒，他越是跃跃欲试。

5. 受朋友影响：男孩子大多重义气、讲面子，朋友都抽烟，自己也不能“扫兴”，所以在你来我往中就吸上了。

6. 心理压力过大：中学时期男孩有很大的学习压力和生活压力，为了寻求解脱，他们希望借烟酒消愁。

7. 存有侥幸心理：虽然有些男孩知道吸烟、喝酒不好，但存在“不吸烟不一定长寿，吸烟不一定早死”的侥幸心理，照样吸烟喝酒。

8. 作为无聊时的“工具”：很多男孩无聊、烦闷的时候，就希望“抽支烟解解闷”“提提神”，结果久而久之就形成了一种坏习惯。

所以，当我们了解了以上造成青春期男孩吸烟、喝酒的原因后，接下来就应该想办法对症下药，引导男孩远离烟酒：

方法一：用决心和恒心为男孩创造无烟环境

张好是一名初二的学生，有一次他妈妈在为他整理书包时，发现了藏在夹缝里的香烟。其实像这样的情况妈妈已经发现很多次了，但儿子就是屡教不改，这让她深深地意识到问题的严重性。不过这一次，张好的妈妈并没有像上次那样狠狠地教训儿子，而是忍住心中的愤怒，仔细盘问张好究竟是怎样学会抽烟的。

“我们班会抽烟的男生经常聚在一起抽烟，而且他们经常在我面前得意扬扬地炫耀，还总是对我说抽烟的感觉有多棒，还说不抽烟的男生根本就不算是男生，像个‘娘们儿’。他们总是拉帮结派，看谁不抽烟就故意对他刁难。所以为了和大家打成一片，也为了不让那些男生笑话，我才学会抽烟的。”听了儿子发自肺腑的回答，张好的妈妈感到异常震惊和担心，现在的初中生竟然一个个成了烟不离身的“小烟鬼”，还自诩是一种“成熟男人”的表现，这样下去对他们的学习、生活和身体健康都会产生不良影响的！

和张好妈妈一样，很多父母也都有这样的担心。像张好这样的青少年绝不止一个，现在的男孩好像认为抽烟就是一种成熟的标志，是一种“爷们儿”的表现,而且他们还有很多的理由 :“我爸也抽烟”，“现在哪个男生不抽烟，你看来我们家的客人，只要有男的，都会递烟”……

男孩们为什么能这么“理直气壮”地为自己的行为辩护？其根源就在于我们没有给他们创造一个真正的“无烟环境”。所以父母们与其整天对儿子说“吸烟有害”，不如从现在开始用你的决心和恒心为儿子创造一个“无烟环境”。男孩生存在这样的环境中，再也找不到抽烟的借口，并会在家长的潜移默化下，逐步戒掉吸烟的坏习惯。

方法二：以身作则，戒酒从父亲开始

人们常说 :“少量饮酒，健康之友 ; 过量饮酒，罪魁祸首。”但这句话用在青少年身上并不适合，因为处在生长发育时期的男孩们，心理和身体发育尚未成熟，身体各器官对酒中的有害物质极为敏感，所以喝酒带给他们心理、生理的不良后果要比成人严重得多。

但由于青少年对酒存在一些错误的认识，或者受朋友、同学的影响与鼓励，或者是因为学习、生活上的压力，进而他们希望借由喝酒来获得某种安慰。这时，父母就要给孩子做好榜样，用自己良好的生活习惯去影响自己的儿子。

有一位父亲是这样做的：

我不是个酒鬼，但平时高兴的时候或者家中来客人的时候，我总爱喝点小酒，有时候也会喝醉，甚至会不顾形象地耍酒疯。我爱人虽然说过我很多次，但我不以为意，觉得男人不喝酒、不吸烟就不是真正的男人。

不过，随着儿子年龄的增长，我发现我的这些坏习惯对他产生了很坏的影响。上初三的他竟然学会了喝酒、吸烟、打牌……为了让孩子改掉这些坏毛病，我决定先改正自己的坏习惯。于是，我和儿子“约法三章”，在他 18 岁之前，我不会再喝一滴酒、吸一支烟，而他也要遵守这个约定。从约定起效之后，我真的戒烟、戒酒，虽然这个过程很痛苦，但是我要让儿子看到我的决心和诚意。果然，这小子的坏毛病都渐渐改掉了。

第53招

“相信我吧，我说的是真的”

——男孩爱说谎，父母如何引导

男孩的困惑

我不过就是撒过几次谎，有必要把我当成“狼来了”那样的小孩吗？难道大人就从来没撒过谎？我看他们比我们这些孩子撒谎还要多，还要脸不红气不喘，所以他们有什么资格批评我们？再说了，我们撒谎也是逼不得已，他们为什么就不能体谅我们一下呢？

心理专家曾经说过：“孩子第一次得逞的谎言打破了父母全知全能的专制王国，他开始体会到他有自己的心智，有一个不为父母所知的隐秘自我。”这种成为一个独立个体的需求，在青春期阶段达到顶峰。因此，如果孩子在这种情况下，故意隐瞒或者说谎，父母千万不要惊慌。

一位母亲的教育经验是这样的：

我和爱人的工作平时都很忙，很少有时间陪陪儿子。作为家里的独生子，孩子的爷爷奶奶都很疼他，只要是儿子想要的，无论是吃的穿的，我们都会满足他。爱人是出租车司机，平时根本没时间过问孩子的教育问题，而我也无力说服孩子的爷爷奶奶去改变教育方式。

有一次，儿子期末考试后，对我说他考了班级前十名，还在运动会上获了奖。我当时就觉察出儿子撒了谎，因为他学习成绩能在班级前30名就已经很不错了，而且班主任说他根本不参加体育运动。但是我没有马上揭穿儿子的谎言，而是对他的“优秀”表现出了肯定和鼓励。接下来的两个月里，儿子一直小心地维护着他在我们心中“优秀”的形象，我和爱人也尽可能地每天都抽出时间和儿子一起吃饭、聊天，节假日和他一起去爬山、打球。同时我们也通过自己的行动让儿子明白我们对他的成绩没有什么苛求，我们衡量他的尺度不在于他获得什么样的名次，在我们心目中，不管他的成绩如何，我们对他的爱都不会变。没想到，奇迹真的出现了，两个月后，儿子的成绩突飞猛进，而且在秋季运动会上获得了跳高冠军，成了真正的佼佼者。

心理学研究认为，每个人的自我意识在发展过程中都要形成两个自我，一个是理想自我，一个是现实自我。所以很多时候当男孩的现实自我没有理想自我完美时，他们就会选择撒谎。事实上，男孩撒谎一定是有原因的，例如可能是为了逃避父母的责罚，也可能是为了得到父母的重视和肯定，或者是为了满足虚荣心，也或者是为了保护自己的同伴，等等。但无论原因是哪一种，我们在知道男孩撒谎后，绝不能草率行事，一定要理智对待。

下面就给父母们提供一些应对青春期男孩撒谎事件的建议：

方法一：父母要掌握好处理儿子说谎的分寸

有一位母亲每次谈起儿子，总是很苦恼：

我儿子今年上初一，说实话，他从小就聪明伶俐，就是做起事情来慢吞吞、马马虎虎的。比如别人一小时就能写完作业，他非得用两个多小时。从今年开始，这种情况更严重了：儿子不仅经常不能按时完成作业，而且还屡次撒谎。有时老师要他请家长，他就撒谎说家人不在家。有好几次，老师让他们班的班长陪他一起回家找我们。我到了学校才知道，这孩子不但逃课，还经常不写作业，而且在学校里就说练习册忘家里了，在家里就说练习册在学校忘拿了，或者说已经写完了。我真没想到儿子竟然学会了两头瞒，所以就狠狠地打了他几次，但是打完之后他还是老样子，我真不知道该怎么办了！

青春期男孩说谎是不可避免的一件事情，如果父母只是采取打骂惩罚的方式，那么对于改正孩子说谎的坏习惯一点作用也没有，要知道强迫孩子坦白和改正是最糟糕的办法。我们要想教男孩学会诚实，首先就要掌握好处理孩子说谎的分寸。

例如，如果儿子因为回家晚而撒谎，你可以告诉他为什么你要知道真相；让他清楚——你不想听到借口，只是担心他的安全；然后让儿子记住——如果下次不能准时回家，要让父母知道；最后向儿子指出——要你相信他的话就像你要知道他在什么地方一样重要。

方法二：学着相信儿子，不要让说谎成为他的习惯

说谎如果成为一种习惯，那么即使男孩不想或没必要说谎，他也会不自觉地将谎言脱口而出。因此，我们应该防止儿子形成说谎的习惯，多给他一些信任和理解。

有一个 15 岁的男孩曾在博客中这样写道：

我知道撒谎是不对的，但是我反应慢，做作业总不能按时完成。在家里，爸妈总说我偷懒、不用心；在学校里，老师也批评我，这一切都让我感到灰心丧气。所以，为了不让父母和老师说我，我就经常用说谎来逃避责难。可后来爸妈知道我撒谎后，就对我又打又骂。

我下定决心要改，可他们不相信我。既然这样，那我还不如不做作业，反正怎么都要挨打受骂。

父母们自然都希望自己的儿子诚实乖巧，但如果父母和孩子之间不能建立一种相互信任的关系，那么即便撒过谎的孩子有心改过，也会被父母的不信任再次打回原形。所以，父母们应该多对青春期的男孩表现出信任感，即使知道孩子撒了谎，也要学会宽恕和原谅他，不要让儿子失去对父母的信任，久而久之，他自然会养成诚实的习惯。

第 54 招

“我出去玩一会儿”

——如何对待贪玩的男孩

男孩的困惑

我现在很难克服贪玩的坏习惯，上课精力无法集中，下课就想玩。总之,就是一个“玩”字害得我学习成绩一次又一次下滑，使我一次又一次遭受考试失败的折磨。我想强迫自己好好学习，可是我又控制不了自己。我该怎么办?

玩本来就是人的天性，青春期的男孩们玩起来更是会忘记或不顾一切，即使他们被父母牢牢“拴”在身边，也依然改变不了贪玩的本性。要知道，青春期正是他们从精神上脱离父母的心理“断乳”期，可谓来势迅猛，锐不可当。这时的他们浑身充满了自我的渴求，希望脱离父母的“控制”，希望逃离繁重的课业，能够尽情地和伙伴们玩耍。

男孩这种在青春期极度渴求玩耍的心理和父母希望男孩安心学习的愿望是相违背的，两者自然会产生矛盾。其实，青春期的孩子爱玩本没有问题，但如果过度贪玩，那对孩子的健康发展和未来的规划也是会产生不良影响的。

周末的时候，李晨正在温习外语，可刚温习了几分钟，院子外小狗的汪汪声就让他没了学习的心思。原来李晨养了一条小狗，这条小狗就像是他的一位好朋友，它很听李晨的话，又懂事，从不弄坏东西，有大小便都知道自己去卫生间，李晨有些什么心里话，常对它说。可是，由于中考的日子越来越近，父亲怕小狗影响儿子的学习，就把它牵到同一个小区的奶奶家。本来在中考之前，爸爸妈妈是不允许小狗回来的，但由于李晨的再三要求，父母答应如果李晨能够在学习时间不分散注意力，可以在周末让小狗回来。

这天，可能是小狗看见了李晨，所以叫得特别欢。李晨虽然答应过父母不耽误学习，可是他实在管不住自己，就走到院子外和小狗一起嬉戏起来。“坐下！”“跳！”“今天练算术，1+1 等于几？”

“你在干吗？”父亲在厨房瞥见了李晨，问道，“不是说好学习的时间不能和小狗一起玩的吗？”“我……我也不知道怎么回事……我就是管不住自己……”“我看我还是把小狗送走吧！你这样也不是第一次了！”父亲气呼呼地把小狗带走了。

上述事例中的李晨之所以贪玩，可能和他自制力差有关。原本青春期的男孩正是成长、发育的高峰期，其身体心理等各方面还都不够成熟，所以很容易被各种各样的事物诱惑，变得无法集中精力做事而贪玩起来。另外，父母管教过严会导致男孩的逆反心理，进而让他们抛弃学业，变得贪玩起来。

因此，面对青春期男孩贪玩的问题，父母不要立即发脾气，如果对男孩轻则训斥，重则打骂，这样只会适得其反，正确的做法是想办法引导他们把过度的“玩心”收回来。

方法一：给儿子找个同龄人做榜样，引导他的行为

有一位父亲的教子经验是这样的：

我儿子今年13岁，虽然学习也很用心，但他太贪玩，经常完不成作业，也不预习或者复习功课。为了帮助儿子改掉贪玩的坏毛病，我就让他和隔壁邻居的儿子张涛一起学习。张涛比儿子高一个年级，但两人一样大，儿子平时也很崇拜他，因为张涛不仅学习好，而且人缘也好，办事能力也很强。通过一段时间的观察，我发现儿子大有进步，他和张涛一起写作业的时候，虽然也有精力不集中的时候，但慢慢地他也开始认真学习了，而且还模仿张涛的预习和复习经验，并且取得了很明显的效果。上次期末考试的时候，他第一次考进了班级前十名，而且就算后来不和张涛一起做功课，他也能很好地控制自己了。

美国心理学家班杜拉的社会学习理论认为，人有许多复杂的行为是很难通过经典条件反射和操作条件反射的作用轻易地加以控制或改变的，必须通过观摩、示范或学习，就是说要通过模仿才能获得。由此可知，男孩的很多行为其实都是通过模仿学习获得的，尤其是和他们生活环境相似、有更多话题的同龄人更容易让他们模仿。

因此，面对青春期男孩易受榜样感染的特点，父母不妨给儿子找个同龄人做榜样，引导他改掉贪玩的坏毛病，提高自己的自控能力。

方法二：通过有的放矢的训练，培养男孩做事的毅力

军军每天放学后就是把书包往家里一扔，然后跑到外边“野”去，有时候玩到晚上八九点钟才回来，作业都来不及完成。一次偶然的机会，下班回来的爸爸看到军军蹲在几个下象棋的老爷爷面前，饶有兴趣地观看着。于是，爸爸就想着是否能通过教儿子下象棋，来锻炼孩子的注意力和耐心。没想到这一招真的很管用，军军自从和爸爸学习了下象棋之后，出去疯跑的次数少了很多，而且写完作业就和爸爸“杀一盘”，后来军军还教会了几个好朋友下象棋。通过让

儿子学下棋，军军爸爸发现儿子做起事情来注意力和耐心都有了很大提高。

其实，通过有的放矢的训练培养青春期男孩做事的毅力，不但可以逐渐改掉他们贪玩的坏习惯，而且还有助于培养男孩做事有始有终的习惯等。所以我们可以通过让男孩学下棋、画画等技能，锻炼他们的注意力和耐心。

第 55 招

“我就抄了两道题”

——儿子作弊，父母应该如何教育

男孩的困惑

上周期中考试的时候，因为英语复习得不好，我就在考试的时候偷看了同桌几个选择题答案，没想到被监考老师逮个正着。他不但把我的英语成绩按零分计算，还要我请家长。不就是考试作弊吗？谁考试的时候没有作过弊，至于这么小题大做吗？

对于做父母的来说，没有什么比因为自己的儿子考试作弊被抓到而被请到学校办公室来更尴尬的了。这不仅让自己的孩子被认为是个坏小孩，也让身为父母的自己被认为不称职。最糟糕的是，你可能根本想不到自己的儿子为什么会做出这种事来。通常，大多数父母听到儿子作弊这件事的第一反应会说“我儿子不可能干这种事”，如果你这么想了，那么情况可能很糟糕。

有一位父亲就遇到了类似的情况：

儿子小刚今年 14 岁，在我的印象中，他一直是个懂事、努力的好孩子，所以当有一天小刚的老师打来电话告诉我小刚考试作弊时，我根本不相信。等到儿子放学回来后，他用有些担心的眼神看着我，我马上笑着说：“你老师说你作弊，我不相信。再说就算你真的作弊也没什么，不就是一场小考试吗，我以前上学也经常作弊呢。没事，玩去吧。”我本来以为这种处理方法很恰当，没想到儿子似乎像受到鼓励一样，学习也变得不认真，考试前不是想着复习功课，而是想着怎么打小抄。我想我以前那样对儿子说是真的错了！

偷瞄同桌答案，打小抄、藏资料……这些作弊行为本来就是不对的，假如父母采取听之任之的教育方法，等于是助长了男孩的这种作弊之风。

一般来说，男孩明知道作弊是不对的，还要“以身犯险”，这其中肯定是有着特别的原因的，例如来自父母或学校的压力，或者是班级中不良风气的影响，或者是社会中不良风气的影响，也或者是男孩对自身缺乏自信，等等。

但无论男孩作弊的原因是什么，父母应该做的就是让男孩意识到作弊是不对的，让他能正确对待考试，同时也要保护好他的自尊心。当然，另一方面我们也应该告诫自己的儿子，不要成为别人作弊的“帮凶”。

下面就给父母们提供一些应对男孩作弊的教育方法：

方法一：教青春期男孩正确对待输赢

一天，一位母亲找到了青少年问题处理中心的专家，说她上小学五年级的儿子最近有了个坏习惯——考试作弊，而且批评之后，他还是不改。所以这位母亲希望专家能和儿子谈谈。

专家对男孩说：“你想要去抄袭，其实说明你很有上进心啊，这比不求上进的人要好多了。”没想到这个观点马上得到了这个男孩的认同。他对专家说，自己之所以作弊，是因为老师和同学都只喜欢考试优秀的人。

专家对这个男孩说："我特别能理解你的想法，因为不久前我儿子也考试作弊，他考试时有一道题目不确定，便偷看了边上班长的答案。结果他考了99分，而丢失的那一分就是他偷看的答案——本来他写对了，可因为作弊他没拿满分。所以很多时候你偷看的是别人的答案，但并不能说明那个人就比你聪明，更何况很多聪明人也会做错题，可能他做错的时候，你做对了。"男孩了然地点点头。

其实，对于那些特别重视比赛输赢的男孩，父母要引导他们客观地评价自己的能力，帮助他们认识自己的优缺点。例如当儿子取得好成绩沾沾自喜时，不要只表扬他，要让他继续上进努力，而当儿子失败、沮丧时，父母也不要指责、批评他，而是帮助他分析失败的原因，鼓励他继续奋进。总之，我们要让男孩正确对待每一次的成功和失败，让他赢得起输得起，这样他自然就不会作弊了。

方法二：帮助青春期男孩减轻精神压力

有一位父亲的教育经验是这样的：

晚饭前，我和12岁的儿子像往常一样下起了象棋，你守我攻玩得非常激烈。眼看着居于下风的儿子就要输了，没想到他竟然趁我不注意时偷偷地多走了几步棋，立即反败为胜。虽然我看穿了儿子的"小把戏"，但我没揭穿他，而是故意输给了儿子。

上述情景对于大多数男孩父母来说，可能并不陌生，因为天生胜欲强的男孩们在游戏或比赛的时候，总是会恶作剧般地搞一些"小动作"，他们可能是为了赢得比赛，也可能是为了男人的面子，或者是为了得到父母的表扬。"看穿"这一切的父母可能认为这些在游戏中的举动无伤大雅，所以故意装作看不见，其实，父母可能没意识到男孩的这些"小动作"已经是作弊行为，如果不及时加以指正，很可能“作弊”就会成为这些孩子追逐胜利的一种手段。

所以，当我们发现男孩作弊时，要先清楚孩子作弊的原因。如果男孩是因为精神压力大而作弊，那么我们就必须要改变自己对孩子的态度，向男孩表明：我看重的是你做事努力的过程和获得了多少知识，成绩和结果并不是最重要的。相信减少了自身的精神压力，男孩们作弊的想法就会逐渐消失。

第 56 招

“吸毒一定很刺激”

——怎样对孩子进行反毒品教育

男孩的困惑 

昨天我一个好哥们非要带我去酒吧见识见识，因为好奇心太重我就跟着他去了。可是进去之后我发现，有好几个和我年龄差不多的男孩竟然在吸毒，而有的是吃了摇头丸。本来那个好哥们也让我试试摇头丸，可我吓得赶紧出来了。吸毒真的有那么刺激吗？

曾经有一份公开的调查数据显示，在 21 世纪初中国登记注册的 114.04 万吸毒人员中，35 岁以下的年轻人占到了 75%，达 85.53 万之多。而里面 16 岁以下的就有近两万人。并且，这种青少年吸毒低龄化趋势愈来愈严重，每年吸毒少年的人数都在大幅度上升。

现在,很多青少年为了追赶时尚、流行、前卫,不惜屡次尝试冰毒、摇头丸等毒品，甚至聚众吸食毒品。相关数据表明，2008 年底我国查获“90 后”吸毒人员 1.7 万人，而两年之后竟然达到 3.7 万人，增长了 115%。这真是一个太可怕的增长数字，因此青少年吸毒问题必须引起父母们的重视。

其实，青少年涉毒问题增多有着多方面的原因，例如目前毒品泛滥的大环境未能得到有效控制；社会、学校对毒品危害的宣传力度不够；政府有关部门采取的预防措施不力；受毒品暴利引诱，毒品犯罪分子猖獗；等等。所以，预防青少年吸食毒品和对其进行反毒品教育是需要家庭和社会共同努力的，尤其是要大力开展与青少年紧密相关的家庭教育。

下面就给父母们提供一些教育建议：

方法一：引导男孩多增强自我保护意识

据新闻报道，一名18岁的男孩吴某和12名未成年男女一起，在某单元房内聚众吸食冰毒和麻古。第二日清晨，这些未成年孩子吸完毒后各自回家，可是因为面色蜡黄，走起路来晃晃悠悠而正好被巡警看到。经过警方盘查，几名未成年少男少女交代了吸毒的经过。经过一系列的搜查和盘问，警方吃惊地发现，这些孩子竟然有10名都是在校高中生，而他们吸毒是为了好玩和刺激。而这帮吸毒青少年的头头吴某，是因为高中毕业后没考上大学，在社会上结识了一些“坏朋友”，最后成了一个毒瘾少年，而这些吸毒的未成年人都是他交的朋友。

由此可见，“交友不慎”对于青少年来说影响非常大，甚至会摧毁他的一生。因此，作为父母，我们必须帮助男孩增强他的自我保护意识，让他学会慎重交友。除此之外，我们还要让青春期男孩对毒品的危害性有正确的认识，让他知道吸毒容易成瘾，而且难以戒断，还要让他学会识别环境，不要去游戏室、网吧、酒吧等不适宜未成年人活动的地方。

方法二：帮助青春期男孩养成良好的生活习惯

一位母亲在网络上痛苦地写下了这样一段文字：

儿子欢欢已经16岁了，他虽然从小爱玩好动，但学习成绩一直不错。16岁的大男孩，爱打游戏的挺多，欢欢也不例外。有一次，在游戏机房里，欢欢认识了一群“哥们”。他们掏出一种白色粉末，围坐在那里吸，一副“飘飘欲仙”的样子，一下子就引起了欢欢的好奇。当“哥们”怂恿他尝一口时，欢欢毫不犹豫地伸出了手。有了第一次，就有了第二次、第三次。后来，为了弄钱吸毒，欢欢开始学会说谎，经常逃课，甚至骗低年级同学的钱，原本健康的儿子竟然成了“瘾君子”，我伤心难过之余真不知道怎么帮助儿子。

青春期男孩不良的生活习惯很容易导致吸毒，例如吸烟、沉迷娱乐场所等。因此，我们应该帮助男孩养成良好的生活习惯，让他与毒品绝缘。例如告诫儿子不要吸烟、喝酒，多参加健康的集体活动、体育运动，周末全家人可以一起户外旅游，父母可以协助儿子规划好生活和学习，让他的生活变得合理、充实起来等。这些健康的活动都可以引导儿子远离毒品。

第 57 招

“我喜欢偷窥别人的隐私”

——如何引导有“偷窥癖”的男孩

男孩的困惑

我最近越来越觉得自己是个精神病了，我竟然偷看隔壁邻居姐姐洗澡,明明心里不想这么做,可是行动上已经出卖了自己。我觉得自己思想很肮脏，我不是一个变态的人，为什么我会这样？我该怎么办？

一天，某警局突然接到一名 17 岁女孩打来的电话，她说一个男孩趴在她的住所窗外偷窥，被她和同住的小姐妹抓住了。警方赶到案发现场时，就看到一个和报案人差不多大年龄的男孩哭丧着脸蹲在地上。一看见警察来了，他竟然哭着说：“我知道这样做不对，我也不想这样，可我根本管不住自己，你们救救我吧，我快要崩溃了……”原来这名男孩是住在附近的辍学少年，平时特别喜欢浏览黄色网站，晚上就控制不住地偷窥女生洗澡。他还交代说，自己坐公交车的时候，手也会忍不住故意蹭女人的胸部和屁股。每次偷窥完别人后，他说自己都有很深的罪恶感，但下一次又忍不住，有时真想戳瞎自己的双眼。

青少年维权与心理咨询中心的心理专家认为，这个男孩是典型的偷窥癖，必须引起父母的重视，要尽早介入、防范，尽量减少男孩单独在家的机会，引导男孩多做体育运动，培养他形成良好的生活习惯和完善的人格。

原本男孩进入青春期后，在性的问题上，大多是主动型的，不需特别的唤起就会有正常的性反应，但是他们大多没有能力控制和解决这种性反应，所以很容易在青春期这个阶段里出现偷窥行为。

因此，为了更好地引导有“偷窥癖”的男孩，父母们最好采用下面的教育方法：

方法一：父母要保持行为检点，并且尊重儿子

小林的妈妈最近发现了一件怪事，10岁的小林常常会突然闯进爸爸妈妈的卧室，问他干什么，他就支吾着说是要找一件东西，眼睛却往穿着睡衣的妈妈身上瞄。有一次，一个阿姨在他家留宿，洗澡时发现小林躲在门外偷看。小林妈妈觉得孩子的心理有问题，就带他去看心理医生。医生听了小林妈妈的叙述，就旁敲侧击地询问，平时房事的时候是不是没有避讳小孩。小林妈妈有些不好意思地透露，家里住房很紧张，就两间很小的卧室，因为年久失修门关不紧，平时也没太留意这个问题。

心理医生告诉小林妈妈，其实心理性早熟儿童多数和家里环境有关。只要以后父母注意自己的行为，生活检点一些，不要随便把成人的东西到处乱放，让家里的环境保持干净整洁，孩子的注意力自然就会转到别的地方了。

事实上，那些有偷窥行为的孩子，有很多是由于家里住房空间狭窄、父母缺乏隐私意识，加上儿童的好奇心驱使，才令他们过早地接触到性刺激。虽然这些儿童以心理性早熟为主，但在科研领域，有很多儿童发育专家相信，视觉刺激可能会引起性腺分泌紊乱、导致下丘脑激素释放增多，进而影响垂体的分泌，影响到正常的发育。所以，为了孩子的健康成长，父母在家中一定要注意检点自己的行为。

方法二：家中女性穿着不宜太过暴露

一天，妈妈正在洗澡的时候，12 岁的儿子透过冲凉房的门缝，悄悄地向里面看，结果被妈妈逮个正着，于是妈妈揪着儿子的耳朵，边打他的屁股边大吼："坏小子，我让你不学好！让你不学好！"而儿子则哭喊着说："没有，我没有……"儿子找到机会还是会偷窥妈妈的身体，妈妈虽然开导过孩子几次，可是没有任何效果，最后不得不求助心理专家。

事实上，上述事例中的男孩出现偷窥这种异常行为是和他父母的日常生活行为不检点有关系。12 岁的男孩在母亲眼里可能还是个不懂事的孩子，可母亲在儿子眼里是女孩或女人。所以当作为母亲的你面对青春期的儿子时，一定要注意自己的言行举止和穿着，要知道这时期的男孩对女性的敏感器官很好奇，对男女之事也充满好奇。如果父母平时不注意，男孩因无知而过早输入成人的性信息，那就会造成他对异性过度关注，就很可能会出现偷窥、手淫等行为。

因此，父母要经常检讨一下自己的行为，多尊重儿子，最重要是在适当的机会给儿子正确讲解一些性知识，让他明白性并不神秘，但每个人的性，都是个人隐私，所以不应该偷窥别人。另外，父母还要正确引导男孩多关注与学习有关的事情，培养男孩多种兴趣和爱好，让他把精力用在有益身心的事情上。

第 58 招

“我们同学自杀了”

——怎样教男孩认识生命的意义

男孩的困惑

前两天我们班的一个男生跳楼自杀了，他之前对我说过活着太辛苦，死了就一了百了，真的是这样吗？我一直以为生命是很值得珍惜的，但有时候又觉得死了也挺好，那我活着是为了什么呢？现在，对于生与死我真的迷茫了？

人们常说：“男人如山，女人如水。”因此，在世人的眼里男人就应该是坚强的，他们应该有一颗能够承受打击的强大心灵，但再勇敢、坚强、乐观的男人都会有脆弱的一面，尤其是当他还没有成长为一个真正的男人，还是一个青春懵懂少年时，他的心并没有人们想象中的那般坚毅。下面我们就来看两个真实的事例：

场景一：初中二年级的李星同学因为不堪忍受同班同学的欺负，竟然趁家中无人之际，留下一纸遗书后，在浴室割腕自杀。李星刚刚 14 岁，平时也是一个十分乖巧的男孩子，从来没让家人操过心，人们在他稚嫩的笔迹里看到这样的话语：“亲爱的爸爸妈妈、爷爷奶奶、三叔三婶，对不起，我走了……我实在是无法忍受别人的嘲笑和欺负了，我只有选择死，只有死亡才能让我的痛苦结束。我爱你们，但我不想这么痛苦……我以后再也见不到你们了，我爱你们……”

场景二：高二的镇镇有一次回到家对自己的父母说：“我失恋了，不想活了。”当晚，他竟然真的选择从自家的阳台上跳了下去，幸好有楼下邻居家的雨篷延缓了他急速下坠的速度，才让他捡回一条命，但是摔断双腿的他以后再也无法站立起来了。

看到这里，我们不禁要问：“为什么男孩的心灵也这样脆弱，动不动就用死来结束自己的痛苦呢？”上面这两个事例恰好可以回答这个问题，即造成男孩自杀的原因：一是他们无法很好地处理与他人的人际关系；一是他们在情感上出现了问题，例如失恋。

因此，如何给我们的青春期男孩上好“生死教育”这一课，显得尤为重要。下面就给父母们提供一些方法，希望这些方法能够帮助你引导和培养男孩树立正确的生死观。

方法一：用爱滋润男孩孤独的心

一个苦恼的妈妈带着 14 岁的儿子来到心理咨询中心，副主任医师章萍接待了他们。妈妈看了看儿子，讲述了事情的经过。原来，几天前的一个下午，儿子放学回家，就把自己关在了房间里，妈妈做好晚饭喊儿子出来吃饭，可是一点反应都没有。妈妈推开儿子的房门一看，只见儿子躺在血泊中，手腕上一道长长的疤痕，一把小刀扔在一边。妈妈吓了一跳，急忙把儿子送到医院，幸亏抢救及时，才保住了一条命。

章萍看了看这位妈妈身后的男孩，只见男孩表情非常冷漠，低着头一句话也不说。章萍尽量让自己的声音显得十分平静：“孩子，为什么要选择自杀呢？”

“我的老师、同学，甚至我爸我妈，所有的人都不愿意接受我。

所有的人！”男孩的声音有些激动。

“难道你就没有朋友吗？”

“只有一个朋友，我姥姥，只有她愿意接受我，可惜她已经离开了这个世界！我想去另一个世界找她！”

男孩的妈妈在旁边说：“我和他爸平时工作忙，就把他交给姥姥照顾。前一段时间他姥姥生病去世了，他就觉得自己从此失去了朋友，也失去了这个世界！其实这孩子从小内向，跟任何人都不来往，当然不会有朋友了。”

章萍听了，和气地对男孩说：“孩子，只要你愿意，其实你可以有很多朋友的。”

男孩说：“不可能，除了姥姥，所有的人都讨厌我，没有人肯和我做朋友！”

章萍拉着男孩的手说：“不，孩子，没有人讨厌你，那只是你自己的错觉，如果你愿意，我跟你做朋友，好吗？——但是，你得保证再也不去干自杀的傻事。”

男孩看了看章萍，然后点了点头。

人类为什么会有自杀现象呢？德国哲学家叔本华有一个经典的论述：“当一个人对生存的恐惧大于对死亡的恐惧时，他就会选择自杀。”什么是最大的生存恐惧呢？那就是绝望，就是一个人对现状或未来彻底绝望。从这个意义上说，要想防止男孩自杀，首先要铲除产生绝望的土壤。那么，用什么铲除产生绝望的土壤呢？那就是爱，父母无私的关爱。如果父母能多给孩子一些爱，有的时候，哪怕是父母一句贴心的话，或许就能化解孩子心灵的坚冰，把孩子从死亡线上拉回来。

方法二：让男孩正确认识到自己生命的价值

很多青春期男孩有时会带着无法参透的表情问大人：“人为什么

会活着啊?”这是一个仁者见仁，智者见智的问题，但答案必定是积极的、乐观的、向上的,因为只有这样的回答才能让男孩正确认识“人来到这个世上是为了什么”，才能让他用充满希望和热情的双手去打拼美好的未来。有一位明智的妈妈是这样做的：

一天，上初二的儿子突然好奇地问我：“妈妈，人为什么要活着呢?”我笑了一下，虽然对儿子的这个问题有些惊奇，但我还是决定好好回答：“儿子，你这个问题问得非常好。因为我也有这个疑问，但是现在我想明白了。人是因为爱才活着，才情愿在世上走一遭的。就像我是因为有你爸、有你，还有外公和外婆的爱活着的。因为你们爱我，所以我才活得有希望、有成就感。”

儿子听完我说的话想了一下，然后狡黠地笑着说：“妈妈，那如果有一天我们都不爱你了，你怎么办?”

我微笑着说：“如果有一天你们都不爱我了，我也会把自己无私的爱奉献给你们，让你们能因感受到我的爱而活着。”

儿子有些感动地说：“妈妈，我会一直爱你，我也会因为爱而活着。”

第 59 招

“我也想吃禁果”

——如何疏导男孩的性冲动，开展性教育

男孩的困惑

我也不知道自己最近怎么这么“色”，有时候禁不住就想看女生的胸部和臀部，晚上甚至还做春梦。虽然感觉很丢人，但是对于男女之间的事情我充满了好奇，所以晚上我总是偷偷瞒着父母看一些色情报刊，上网的时候也会去浏览黄色网页，我是不是变“坏”了？

可能大多数男孩父母，尤其是男孩的妈妈，都会觉得对儿子谈性是件特别尴尬的事情。其实不然，男孩进入青春期后，在生理和心理方面尚不成熟，对性十分好奇，同时也存在着很多疑惑，很希望搞清楚。这时，如果父母能与儿子谈谈性问题，为他解释清楚与性有关的各个细节，就可以解除男孩心中的疑问。反之，如果父母熟视无睹或加以干涉，男孩则会通过其他不正确的方式自己去寻找答案。

曾有调查显示，有八成以上的男孩，他们的性知识主要来源于

言情小说、影视作品、黄色漫画、网络信息以及色情光盘。要知道，那些信息来源都是很危险的，通过它们获取的知识非常夸张、有失常理，甚至还有些变态和暴力，不能从根本上让我们的男孩认识性，如果男孩照此学习和模仿，难免会出现性偏差行为。

只有父母才是男孩性的启蒙者，也是儿子最重要的性辅导老师。因此，父母不要随意放弃自己的权利，让一些不合格的误导者教坏你的儿子，从而使男孩对性产生错误的想法和观念。因此父母应以自然、正常的态度，教给儿子正确的性知识，让孩子在很自然的情况下吸收性知识。这样，他的人生才能有一个健康、美好的开始！

真正的性辅导是对男孩人格魅力的塑造以及对其责任感、毅力的培养。所以，性辅导的主战场应该在家庭中进行，而父母就是最合适不过的老师，我们的言行、态度、思想以及从前的经历，都将是辅导男孩的教材。

男孩父母应该掌握一些与性教育有关的知识。有了足够的知识储备，与孩子谈论性问题时才会有自信心。

方法一：教儿子认识性问题，给他更多知情权

有一位男孩在睡觉时发生了遗精现象，他认为自己生病了，非常担心，但由于病情发生在私密处，他又不好意思告诉自己的父母。于是，他便在书摊上买来一些不健康的书籍，想从中寻找到答案。

一天，男孩的母亲在整理他的房间时，发现了这些不健康的书籍，母亲恍然大悟，这才意识到是时候告诉孩子一些性知识了。于是，这位母亲以非常轻松的口吻给儿子写了一封信。信上，母亲以自己和男孩的父亲举例，把有关的青春期性知识全告诉给了男孩。男孩明白了这些后，就不再为自己感到担心，也释怀多了。

男孩父母应该给儿子更多的知情权。正因为他不知道的东西太多，才想要去尝试。父母可以开诚布公地与孩子讨论性及性器官的

基本常识，要把正确的价值观、判断是非的标准清楚地告诉给孩子，从而让他懂得如何尊重、爱护自己和他人。

方法二：发现男孩对性产生兴趣时，不要呵斥

这是一位男孩父亲的育子经历：

我儿子今年 15 岁，正值青春期。一次我去他房间找东西，忘记了敲门，却发现儿子正躺在床上，尽管他的身上盖着被单，但我能清晰地看出他的手正放在下体上……我马上转移视线，假装没在意他的行为，随便在他的书柜中翻出一本《红楼梦》就离开了。过了一会儿，我决定找儿子谈谈。我特意以《红楼梦》为话题，对儿子这样说道：“《红楼梦》这本书挺有意思的，里面有个人物叫贾瑞，他得了重病，有一位道士来给他治病，送给他一面神奇的镜子。这个镜子从正面照会出现一位漂亮的姑娘；而从反面照，就会出现一具可怕的骷髅。道士嘱咐贾瑞，千万不要照正面，可他不听，每天都贪恋美女，结果不久便送了命。这就是因为他太不节制自己了。”儿子听完后，脸上流露出懵懂的神情。

接着，我不再拐弯抹角，与儿子面对面地谈起性问题来。我深入浅出地告诉儿子：男孩在青春期有哪些心理特点；男孩与女孩有什么区别；女孩的身体有什么特点……使儿子对男性和女性有了比较全面的认识。接着,我便对儿子解释什么是手淫。我告诉儿子：“手淫是男孩长大后出现的一种正常的自慰行为。很多男孩子都有手淫的行为，没什么见不得人的，但是要懂得节制，否则既荒废了学业，也可能造成自己体弱多病。”儿子听完我的话后，好像一下子变得轻松了。

慢慢地,儿子手淫的次数变少了。看到他平安地度过了性萌动期，走上了健康之路，我由衷地感到欣慰。

当你发现自己的儿子有手淫等行为时，千万不要大声怒斥他。

如果那样做的话，要么会让孩子对性更加好奇，要么会让他们觉得自己是罪恶的、可耻的。

发生了这种情况，父母应该及时对孩子讲出事情的危害性，告诉男孩如果恣情纵欲，会影响到他的健康。如果你依旧觉得尴尬、无法开口的话，可以将一些性教育书籍、科普杂志摆放在他的桌子上。男孩看到后，既会充分认识过早性行为可能带来的伤害，又会对你无声的关爱和理解心存感激。

第九章

和儿子谈谈人生

让男孩更有思想、更有智慧

理想是人毕生追求、奋斗，并有机会去实现的人生计划。理想是一张人生蓝图，一个远大的理想能带领男孩穿越风雨，翱翔蓝天。理想是人生的奋斗目标，它不同于空想、幻想，是一种可以实现的奋斗目标。理想是人对未来一种可以实现的想象。

一个远大的理想，能给男孩的学习、生活带来正面的激励效用，它也是在困境中支撑男孩的精神支柱。理想毁灭等同于人生毁灭，理想对人生的重要性可想而知。父母们应该早日帮男孩树立一个召唤他的理想，让男孩的人生活得有激情、有目标。

第60招

开阔的眼界让男孩如虎添翼

——如何让男孩拓宽自己的视野

男孩的困惑

小时候我对世界还有很大的好奇心，知道的东西也比同龄人多。可自从上了中学后，我就只能对学习有兴趣了，所以有时候和一些哥们儿聊天，他们就说我眼光短、见识浅，是个井底之蛙。难道一个人具有广博的知识和开阔的眼界真的对未来有很大影响吗？

高严和东子是同一个班级的高中生，两个人的学习成绩不相上下，但不同的是高严涉猎广博、眼界开阔，而东子只知道“死读书、读死书”。

暑期的时候，高严和东子的学校与澳大利亚的一所中学举办了一场联谊，双方交换学生到对方的学校参加一个半月的夏令营活动。

高严和东子都被校方选中，但是东子认为自己到了澳大利亚之后，人生地不熟，英语口语也不是特别好，肯定会遇到很多的问题和麻烦，心想：“还不如利用这个假期在家里复习功课呢。”高严则认为这是一个难得的开阔眼界的好机会，既能够很好地了解别国的风土人情，也能锻炼自己的英语口语，是一次难得的历练机会。所以高严欣然参加了夏令营活动，而东子则拒绝参加。

暑期开学之后，东子和以前一样没什么变化，而高严整个人就如脱胎换骨了一样，变得更加自信和充满激情，两个人的差距开始渐渐拉大了。

事实上，如果你现在去问一个十几岁的中学生这样的问题："你认为当你进入社会，什么对你来说是最重要的？"那么得到的答案可能是自信、勇气、解决问题的能力、合作能力、应变能力、创新能力……但这些答案中独独缺少最重要的一项，那就是开阔的眼界。

可能很多男孩父母对此存有疑虑，因为他们大多数认为儿子将来要想有所成就，必须要考进一所好大学，然后毕业后找到一份称心如意的工作。但是一个眼界狭窄的年轻人，在未来的道路上是很难有大作为的。

因此，作为父母，我们应该想办法多开阔儿子的眼界，让他有足够的知识、能力去解决日后遇到的问题。

方法一：引导男孩把自己的眼光放长远

有一位母亲对自己的朋友抱怨道：

我儿子已经17岁，可还是一个死脑筋。我告诉他很多次了，出国留学是为了他日后更好地发展，可是儿子就是死活不听劝，非要待在自己学校附近的一亩三分地里，一辈子窝在一个小城市里，他怎么就不能把眼光放长远些呢？

当今社会，像上述事例中的男孩那样的孩子有很多，他们的眼光常常只停留在自己的小圈子里，每天接触的就是家和学校。其实，只要我们稍加引导，让他们学会把眼光放远，就会让孩子感觉到别的地方有很多的机会在等着他。

因此，为了开阔男孩的眼界，有经济基础的家庭，可以送孩子到国外读书，经济条件一般的家庭，可以鼓励儿子经常出去旅游、参观博物馆，或者通过网络、书籍、电视获得更多的信息。当然，前提必须是这些信息是健康的、正面的，能够在开阔男孩眼界的同时，激发他们对学习和生活的热爱。

方法二：让青春期的男孩学着真正长大

张杰今年已经16岁了，可还像个小孩子一样幼稚。一天，他面红耳赤地向母亲咆哮道："我就要那个玩具，你说的都是借口，我要那个玩具，就要！"母亲一脸无奈地说道："儿子，那个玩具已经被别人买走了，没有了啊！等以后人家进货了，我们再来买吧？"张杰气呼呼地不依不饶地："我不管，反正我现在就要那个玩具，我就是要买！"

16岁已经算是个大男孩了，可是张杰还像个小孩子一样对父母发脾气、任性，像他这样即使以后进入社会，也令人担忧。

所以，作为父母，我们应当告诉青春期的儿子：你已经长大了，你的思想不应该停留在未成年人的幼稚世界里，应该学着站在成人的角度去思考问题，应该尝试从更广更深的角度去看待自己所遇到的问题。

第 61 招

有理想才有努力的方向

——如何引导男孩树立远大理想

男孩的困惑

以前我经常对别人谈起我的理想，例如“我要当警察”、“我想当个科学家”……现在我已经是个高中生了，马上就要参加高考选择专业了，可是以前的理想已经提不起我的兴趣，我也一下子觉得自己不知道是为了什么而努力了。

一个 16 岁的男孩在自己的网络日志中写下了这样一段话：

以前，我最大的理想就是成为像鲁迅先生那样的作家。为了这个理想，我一直不断地努力，每天都利用课余时间看大量的书籍，以便让自己的视野变得更宽广。但是现实是残酷的，我的写作能力却一直没有提上去。渐渐地，我感到了失望、无助，觉得自己这么努力却没有一点儿成就，整个人就像泄了气的皮球，怎么也提不起继续努力的劲头了。特别是每当看到身边的同学玩得那么开心、愉快，一点儿也没有为理想而烦恼，我就禁不住想：大家都是同龄人，我为什么要活得这么累、这么苦呢？

后来，我也沦落到没有理想的一族了，开始变得放纵，最后理想也离我越来越远。

人一定要有理想，因为有理想才有努力的方向，才会充满热情地努力进取。但如果理想定得太高，而且又容易被挫折击倒，那么就会像上面这个男孩一样，感觉理想“拖累”了自己，最后自己选择了放弃。

关于理想这个话题，曾经有人对一所中学做过抽样调查，在随机抽取的 400 名学生的问卷中，能够清楚、明确地回答出自己以后想做什么，并且对未来有清楚规划的孩子不超过 40 个人。

由此可见，青少年对于理想的制定大多是模糊或者随意的。因此，我们应该帮助男孩制定属于他的理想，但前提是这个理想是男孩感兴趣的，而且不能定得太高。因为人只有对自己感兴趣的理想才会有努力去实现的愿望，而切合实际的目标才会让男孩容易实现，并获得成就感。如果理想太高不易实现，就会逐渐打消男孩行动的积极性，甚至会因为太困难而放弃。

下面就“如何引导青春期男孩树立远大理想”这一话题，给父母们提供一些切实可行的教育方法：

方法一：正确引导男孩寻找“我的理想”

儿子小的时候，你问他“你的理想是什么？”他可能毫不迟疑地回答“我想当老师”或者“我想当警察”。这时的他们只是把自己心中崇拜的对象或者认为美好的职业当成自己的理想。等到他进入青春期，慢慢长成一个能够独立思考的大小伙子时，你再问他：“你的理想是什么？”他可能迷茫很久，然后有些迟疑地说：“我也不知道我的理想是什么。”也有的说：“我的理想是考上好大学，毕业找个好工作。”

其实，对于 10~18 岁的青少年来说，他们的想法正是多变的时候，这一秒信誓旦旦地要成为成功人士，下一秒就已经为自己的理想感到迷茫了。因此，父母应该从旁引导男孩，帮助他正确寻找到他值得努力付出的理想。有一位父亲是这样做的：

儿子今年刚上初一，我虽然不想给他升学的压力，但我不希望他成为一个没有目标的人，所以我开始从儿子的爱好中去帮他挖掘他的理想。通过对儿子的观察，我发现儿子很喜欢画画和摆弄木头，而且还常常自己设计一些小房子。于是我问儿子他想不想做建筑师，儿子说他也不清楚，只是把他当成一种喜好。不过，我有意无意间总是给儿子买一些关于建筑的杂志，没想到儿子很喜欢。考大学的时候他报选的专业就是建筑系。我发现儿子自从确定了目标之后，整个人学习的劲头更足了。

由此可见，引导男孩确立一个他感兴趣的理想，对于他以后的人生能够起到至关重要的作用。

方法二：让男孩学着设想自己的未来

有一个成年男性曾自豪地对友人说："我这些年来最大的收获，就是我在10年前给自己规划的蓝图实现了——当上了大学老师，找到了一个温柔的妻子，在市中心买了一套房子……"可见，一个人尽早为自己设想未来，并且按部就班地努力去实现，那么最后肯定会获得成功。

所以，我们不妨引导男孩学会勾画一下自己的未来，例如你可以这样问你的儿子：设想一下，5年后，你会成为什么样子？设想一下，10年后，你会成为一个什么样的人？设想一下，15年后，你会取得怎样的成就？……

如果你常常引导男孩去构想这些问题，那么他很可能会用这些问题来鞭策自己，然后朝着既定的目标努力，更会在奋斗的过程中充满激情和动力。

第62招

“你是为了自己而学习！”

——让男孩明白，他在为谁读书

男孩的困惑

我爸妈就没有一天不督促我学习的，好像他们除了让我提高学习成绩，就没有别的能和我交流了，还说是为了我的将来着想。可我严重怀疑自己学习到底是为了我自己还是为了父母……

学习是青春期男孩成长时期的重要任务，因为10~18岁的孩子要面对升学、高考等人生大关，而且青春期也是男孩精力最旺盛的时期，所以我们一定要在这个阶段让男孩明白，他到底是为谁而学习。这样他才能静下心来，为了自己的未来而努力打拼。

但事实上，很多父母并没有准确告诉儿子：“你是为了自己而学习！”而是错误地让男孩认为自己每天辛苦地上学是为了父母。于是，就像我们平时看到的那样，很多男孩在上学的路上背着一个大书包愁眉苦脸地走着，然后嘴里不断地抱怨老师布置的作业太多，他们在心里不断憧憬着能够有一个长长的假期……他们所表现出的状态，好像他们是父母的“童工”,每天的工作内容就是“学习”,而老师是“监管员”。

一天，串门的邻居问正在上初一的全全：“小子，你最近学习怎么样？”全全闷闷地回答说：“不怎么样！”邻居语重心长地说：“你要好好学习啊，将来考个好大学，找个牛气的工作，你父母脸上有光，也为我们这些街坊争口气。”全全想了想，很认真地说：“我没想那么多，其实，我只想开个玩具店。”邻居马上说：“开玩具店多没出息，好好考大学！”

对于很多未成年的男孩来说，“考大学”这类的学习目标通常都是父母或周围人强加给他的，所以从内心深处来说，他们对此都有一种抵触感，认为那只是父母或老师的愿望。因此，我们必须要引导男孩正确认识“为谁而学”的问题，告诉他“你是为了你自己而学习”。

当然，简单地告诉男孩“你是为了自己学习”这句话可能效用不大，还需要一些具体的教育方法：

方法一：别让男孩觉得他是为了父母而学习

有一位母亲的教育经验是这样的：

一天，上初二的儿子突然回到家对我说：“妈，我不想考高中，我想自己创业。”乍听到这个消息我很吃惊，但我没有批评或者强制儿子去学习，而是很认真地告诉他：“你如果这样决定，我也尊重你的选择，毕竟你是为了自己而学习，不是为了我们。但我希望你能对自己的决定负责，而且我想提醒你：任何事业的成功如果没有知识做基础，那将会是十分艰难的。”儿子听完我的话想了很久，但他还是决定休学半年去做自己喜欢的事情。不过，两个月之后，他就重回校园，他说他不希望自己成为一个没有知识的人，他要为了自己的目标重新努力。

著名教育专家林格曾说："当孩子感觉到学习是为了别人，无论是满足家长还是老师的要求时，学习的动力就会降低；当孩子的学习能满足自己的好奇心，能收获美感和满足感，不用被人催促和监督，这种学习才是最有效的。"因此，我们做父母的首先要清楚：学习是儿子自己的事情，并且要相信儿子有能力承担他自己的责任，而我们只要从旁引导他，给他灌输正确的学习意识即可。

方法二：时刻告诉儿子，他是为自己而学

吴洋上小学五年级。一天晚饭后，见他一直没去写作业，妈妈就问："今天你们老师没布置作业吗？"吴洋说："不是，我今天不想写作业。"妈妈觉得很奇怪，就问儿子原因，但是吴洋也没有说清楚，就说自己不想写。于是，妈妈说："你要是不想写那就不写，反正写作业是你自己的事情，也是你自己的学习任务，完不完成和别人无关。不过，我认为这是态度和责任的问题，老师布置作业，你完成了，是对学习认真、对自己负责的态度；不完成，是对学习不认真、对自己不负责的态度，再说不写作业似乎对你也没什么好处。"

吴洋觉得妈妈说的话很有道理，所以休息了一会儿之后，他就回房写作业去了。

青春期男孩都具有一定的逆反心理，尤其是对待学习上的事情。如果父母强硬地让儿子学习，那么他可能为了和父母对着干，反而选择逃避学习。但如果能让他明白学习是他自己的事情，那么他的逆反心理可能就会减少很多，而且也愿意主动、积极地学习。

第63招

钱也有办不到的事

——如何正确引导男孩的价值观

男孩的困惑 

我觉得有钱就是爷，没钱就得装孙子，在这个世界上没有钱是万万不能的。钱可以买来我想要的一切，可是我爸不是李刚，我也不是富二代，所以我很痛苦。我要怎样在这个没钱就不行的社会中继续生活呢？

现今社会，在大多数青春期男孩的眼中，钱是万能的，只要有钱就能拥有一切。所以我们常常会听到这些青春少年的嘴中吐出这样的“狂言”：有钱走遍天下，无钱寸步难行。

为什么我们的孩子在价值观上持有如此“金钱至上”的思想呢？其实，这和我们的社会大环境有关，很多男孩正是因为受了周围人的影响，听到、看到的都是“有钱能使鬼推磨”的事情，自然他们也认为有钱就有一切。另外，青春期也是男孩价值观形成的关键时期，再加上很多男孩由于是独生子，被父母家人娇惯溺爱，大多以自我为中心，所以他们很可能为此而形成错误的价值观。

16岁的康威是一名高一学生，他家的经济状况并不是很好。上了高中后，康威发现那些家里有钱的男同学，不但吃的是肯德基、麦当劳，穿的是阿迪、耐克，就连用的电子产品都是最新款的。而且那些看起来像富家子的男同学身边总有很多漂亮女孩围着，而康威看着自己寒酸的穿着，再加上自己没有可显摆的“名贵品”，他觉得很沮丧。他认为自己人缘不好都是因为自己没有钱，所以为了获得更多的钱，他开始沉迷于买彩票，甚至经常为了算彩票概率而占用大量的学习时间，到最后他变得越来越沉默，学习也越来越差。

李开复在《做最好的自己》一书中写道：“价值观是人生的基石，是成功的前提。一个没有良好的价值观、没有正确态度的学生，即使进了名牌大学，他的成功概率也一定是零。”没错，人只有拥有正确的价值观才能有正确的人生态度，才能正确决定自己的人生目标和生活方式。因此，正确引导青春期男孩的价值观对于父母来说就显得尤为重要。

方法一：引导男孩确立正确的价值观

一位母亲的教育经验是这样的：

一天，我和12岁的儿子正在看社会新闻，里面讲述的是“救人应不应该要钱”的专题。我觉得这是教育儿子树立正确价值观的好机会，于是问儿子：“你认为救人应该要钱吗？”儿子说：“不应该。不过，我听同学说有很多人不给钱就不救人，为什么会有这样的人呢？”我说：“那是他们价值观有问题，这样的人不但会受到人们道德的谴责，情节严重的可能还要负法律责任。不过，幸好这个世界好人多，很多人都会在别人有困难的时候无私地伸出双手，老妈希望你也能成为这样无私帮助别人的好人。”儿子笑笑说：“那当然了，我可不想做坏人。”

青春期的男孩很容易受外界的影响，如果这时没有人引导他们往正确的道路上走，他们很可能会走偏。而一旦某些错误的思想在孩子的脑中形成，就会对他以后的人生产生错误的指引效果。因此，我们应该随时注意对青春期男孩价值观的引导，让他们朝着正确的价值观目标迈进，而不是受一些不良因素的影响，成为一个唯利是图、见钱眼开的小人。

方法二：让男孩经历几件“有钱也解决不了的事”

为了动摇儿子涵涵“金钱至上”的观念，他的爸爸可谓是费尽心思，例如，每当看到电视、网络、报纸上那些因为患绝症医治无效而死亡的事例时，爸爸就会和涵涵分享感触：“纵使亿万富豪，面对绝症也无能为力。”涵涵附和道：“看来金钱并不是万能的！”

涵涵参加学校春游时，爸爸故意忘记给儿子带水，而是多给了他一些钱。回来后，涵涵感慨地说：“荒郊野外，连个卖水的都没有，有钱也花不出去。幸好和同学关系好，不然会被渴死。看来，朋友比钱靠得住。”

在爸爸这样的引导下，涵涵的价值观慢慢发生了改变。

其实，青春期的孩子，由于心智、年龄、阅历等各方面的原因，难免会走进金钱至上的误区，所以父母们不妨采用上述事例中这位涵涵爸爸的教育方法，多让儿子体验几次“有钱也解决不了的事”，这样来慢慢纠正儿子错误的价值观，引导他从误区中走出来，朝着正确价值观的方向前进。

第 64 招

及早绘制人生蓝图

——如何引导男孩进行职业选择

男孩的困惑 

为什么现在就要让我选择以后的职业，我根本一点儿想法和目标还没有，等到以后再说不可以吗？

有一位母亲苦恼地对友人说：“我 13 岁的儿子出奇地喜欢做饭，看电视时最爱看烹饪讲座，还总是跃跃欲试地想给我们露一手。儿子的学习成绩属于中上等，稍微努力一下，说不定能上一个好大学，可是他这个喜欢进厨房的爱好实在令我头疼，这可怎么办啊？”事实上，很多男孩的父母也有相同的烦恼，例如父母希望儿子当老师，可他偏偏立志要当机械师；父母为儿子选择了医学专业，结果最后儿子去上了新闻系。

面对未来的职业选择，不但父母会有烦恼，男孩们同样也存在很多困惑，下面就来听一听这些十几岁少年的心声：

“我喜欢历史，但是大家都说历史对以后进入社会没什么用，不如学习一门技术，难道为了生计就要放弃自己喜欢的专业吗？”

“一个人一生怎么能只从事一种职业呢？我觉得一个人应该尝试不同的职业，这样生活才会更精彩，可是时间太短了！”

“爸妈现在就要帮我订好以后的职业规划，可我觉得还太早，就算大学毕业之后，找工作也不一定找本专业的，着什么急啊！”

可见，未成年的孩子对他们未来的职业并没有什么具体规划，甚至有些孩子根本就把职业规划排除在自己的人生之外。但作为成年人的父母，我们不但要引导男孩正确规划他的未来，而且宜早不宜迟。

下面就给父母们提供一些正确引导男孩职业选择的教育建议：

方法一：引导男孩多看看别人在做什么

有一个 17 岁的男孩在博客中写下了这样一段文字：

为了给日后高考填志愿和毕业后找工作做准备，我时常会注意身边的人都在做些什么，然后看一看、想一想他们所从事的职业是不是我感兴趣的，或者适不适合我这类性格的人从事。如果是我中意的工作，我就会主动去和他们交流一下，从他们的口中获得一些我想要知道的信息，例如从事这项职业所需要的准备、经验以及要注意的事项。

事实证明，我这种行为非常具有积极意义，因为自从我确定了自己的职业后，我学习的劲头更足了。有目标的人真是随时都充满力量，本来想要闯荡社会的躁动的心，也慢慢平静了下来。

如果你的儿子对自己今后要从事何种职业感到迷茫，那么不妨向这个男孩学习一下，和身边有经验的人多交流交流；对于自己感兴趣的职业，也可接触相关的专业人士或从业人士，这能让男孩在职业选择的道路上少走很多冤枉路。

方法二：父母要和男孩多沟通职业选择的问题

职业规划和一个人的特长、学习兴趣、能力等各方面都存在很大的关系，盲目地选择自己的职业很可能错失很多成功的机会。因此，父母们绝对不要小看儿子的职业选择问题，更不要认为职业选择是孩子自己的事情，因为如果没有旁人的正确引导，孩子很可能会选择后悔终生的职业。

父母应该从男孩的童年时期就开始有意识地引导儿子选择自己的发展方向，并且父母也要成为这项工程的参与者。对于大多数青春期男孩的职业选择，父母应该尽早与儿子沟通，初中是一个关键点，也就是说儿子进入初中后，父母就要和他进一步讨论求学和就业的所有可能的选择。这段时间多观察儿子的兴趣、爱好，引导他思索和建立自己的职业方向。

父母们可以参考以下几点：

1. 回想自己的工作和生活经历，告诉儿子你的职业是如何选择的，以及尝试过其他什么职业。

2. 尽可能多地和男孩讨论他感兴趣的职业种类，然后多搜集一些关于儿子感兴趣的工作“资料”。

3. 了解儿子不喜欢做哪些事情以及为什么不喜欢，用排除法把圈子缩小。

4. 考察儿子在校内外参与了哪些活动，尽量从其中发现儿子的特长以及儿子的内心需求。

5. 多和儿子的老师沟通，并鼓励儿子多与老师交流并获得指导。

6. 多和儿子参加与他兴趣相关的社会活动，让其对该行业有更深入的了解。